Gudrun Spitta

Gehirnfreundliches Rechtschreiblernen

Wie Kinder mit Vergnügen und Erfolg die Rechtschreibung erlernen

Klett | Kallmeyer

Bibliografische Information der Deutschen Nationalbibliothek
Die Deutsche Nationalbibliothek verzeichnet diese Publikation in der Deutschen Nationalbibliografie; detaillierte bibliografische Daten sind im Internet über http://dnb.d-nb.de abrufbar.

Impressum

Gudrun Spitta
Gehirnfreundliches Rechtschreiblernen
Wie Kinder mit Vergnügen und Erfolg die Rechtschreibung erlernen

2. Auflage 2023

Redaktion: Stefan Hellriegel, Berlin
Illustrationen: Hendrik Kranenberg, Drolshagen
Realisation: Frederieke Ruberg
Druck: Beltz Grafische Betriebe GmbH, Bad Langensalza
Printed in Germany

ISBN: 978-3-7727-1408-5

Gudrun Spitta

Gehirnfreundliches Rechtschreiblernen

Wie Kinder mit Vergnügen und Erfolg die Rechtschreibung erlernen

Klett | Kallmeyer

Vorwort: Mit Vergnügen erfolgreich Rechtschreiben lernen – geht das?

Es stimmt:

- Die öffentlichen Medien warnen seit Jahren wieder und wieder vor einer drohenden „Rechtschreibkatastrophe“.
- Jedes Jahr erscheinen in Zeitschriften Berichte darüber, dass Kinder und Jugendliche immer schlechter richtig schreiben können.
- Eltern hegen ernsthafte Befürchtungen, dass ihre Kinder keinen guten Rechtschreibunterricht erhalten.
- Es heißt, dass in der Grundschule kein Wert mehr auf Rechtschreibregeln gelegt wird.
- Man hört sogar, dass Kinder in der Grundschule schreiben dürfen, wie sie wollen. Das geht gar nicht!

Genau das ist das Thema dieses Buches.
„Rechtschreiben lernen ist – cool!“ Eine solche Kinderäußerung ist ziemlich ungewöhnlich. Manche Kinder sagen einfach: „Rechtschreibung ist ganz O. K.“ In jedem Fall gibt es Schulklassen, in denen Kinder die Rechtschreibung „cool“ oder einfach „O. K.“ finden und Wert darauf legen, orthografisch „richtig“ zu schreiben, während es andere Klassen gibt, in denen die Rechtschreibung nur als Last betrachtet wird.
Es bleibt die Frage:
Was machen Lehrerinnen, Lehrer und Kinder in erfolgreichen Klassen anders? Was ist zu tun? Einfach zu bewährten alten Methoden zurückkehren und alles Neue verbieten? Das ist kurzsichtig gedacht und unprofessionell. Die fundamentale Frage lautet: *Was wissen wir eigentlich empirisch darüber, wie Kinder erfolgreich die Rechtschreibung erlernen können?*
Hier kommen die Neurowissenschaften ins Spiel, und zwar mit ihren aktuellen Forschungsergebnissen zum menschlichen Lernen. Erkenntnisse aus der aktuellen Gehirnforschung zeigen, dass der ewige Streit um die angeblich einzig richtige Methode zum Rechtschreibenlernen überhaupt nicht zielführend ist. Vielmehr braucht es einen gehirngerechten Lernweg, der Kindern einen Zugang zum erfolgreichen Erwerb der Rechtschreibung eröffnet. Berücksichtigt man aktuelle Ergebnisse aus der Gehirnforschung, geht es um ein *integratives, kindorientiertes Vorgehen*, das die besondere Arbeitsweise des menschlichen Gehirns beim Lernen berücksichtigt.

! In Übereinstimmung mit dem Gehirn zu lernen, ist in jedem Fall besser als gegen das Gehirn zu arbeiten. Ist doch logisch, oder?

1 Gut zu wissen: Eine normierte Rechtschreibung ist von großem Vorteil!

Wer etwas lernen soll, will wissen, wozu das gut ist. Das geht Kindern genauso wie Erwachsenen. Kinder wollen wissen, warum sie etwas tun, etwas lernen oder etwas nicht tun sollen. Wissen Sie eigentlich, wozu die Rechtschreibung gut ist? Befragt man Erwachsene dazu, lauten die Antworten meistens: „Das ist wichtig dafür, wenn man sich bewerben will. Das gehört einfach dazu, dass man richtig schreiben kann. Wer nicht richtig schreiben kann, gilt schnell als dumm."

Gelegentlich wird auch erwähnt, „dass Konrad Duden dafür gesorgt hat, dass im *Duden* die richtige Schreibweise aller Wörter steht".

Tatsächlich war die Einführung einer einheitlichen Rechtschreibung durch Konrad Duden außerordentlich bedeutsam, denn eine einheitlich festgelegte Rechtschreibung stellt eine große Erleichterung dar! Sie schont das Gehirn, spart Zeit und erleichtert sowohl das Lesen als auch das Schreiben.

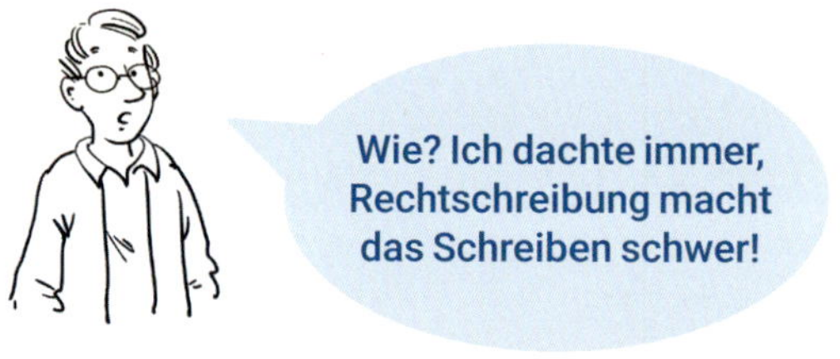

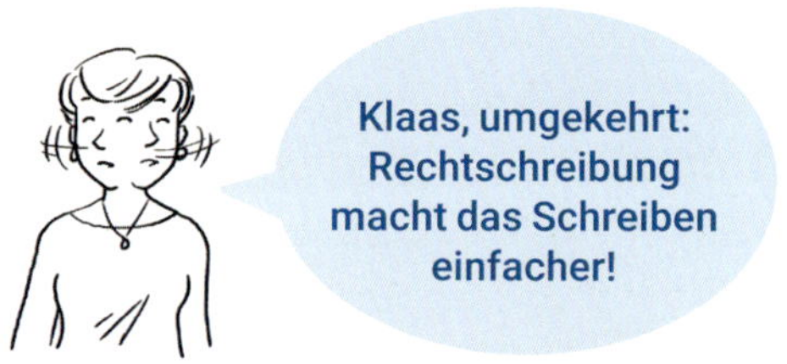

Stellen Sie sich vor, die Rechtschreibung wäre nicht normiert geregelt. Sie könnten, dürften oder müssten bei jedem zu schreibenden Wort selbst entscheiden, mit welcher Buchstabenfolge Sie das Wort dieses Mal schreiben wollten. Zu Beginn eines Briefes überlegten Sie:

- Wie wäre es mit: *Sär geärter Hear,*
- oder lieber: *Sähr geährter Härr,*
- vielleicht auch: *Ser geerter Her,*
- oder doch besser: *Seer geehrta Herr*?

Sie hätten ziemlich viele Möglichkeiten, die Buchstaben zu kombinieren. Für welche Kombination auch immer Sie sich entscheiden würden, diese Freiheit erfordert, dass Sie recht lange nachdenken müssten, bevor Sie überhaupt zum Schreiben kämen. Wie entlastend ist es dagegen, wenn stets nur eine Schreibweise gilt: *Sehr geehrter Herr, sehr geehrte Dame*. Und wie viel einfacher ist das Lesen durch eine einheitlich festgelegte Schreibweise! Denn was ist bloß gemeint mit: *Ech ändsuhldihke misch.* Wird der Satz stattdessen immer als: *Ich entschuldige mich* geschrieben, brauchen Sie keine Zeit damit zu vertun, den Sinn zunächst über mehrere „Wortlautierungsversuche" herauszufinden. Sind einheitlich festgelegte Schreibweisen dem Gehirn erst einmal vertraut, also als Muster, Schemata, Strukturen abgespeichert, erfolgt die Bedeutungszuschreibung automatisiert, also blitzschnell. Natürlich spielen zusätzlich Grammatik und Kontext eine die inhaltliche Richtung bestimmende Rolle. Der Vorteil aber einer einheitlich festgelegten, also einer normierten Schreibweise liegt darin, dass sich das Gehirn fast „simultan" auf die inhaltliche Sinnkonstruktion fokussieren kann. Ist die Schreibweise dagegen offengehalten, erfolgt stets zuerst der Umweg über ein zeitraubendes Durchspielen der Lautierung.

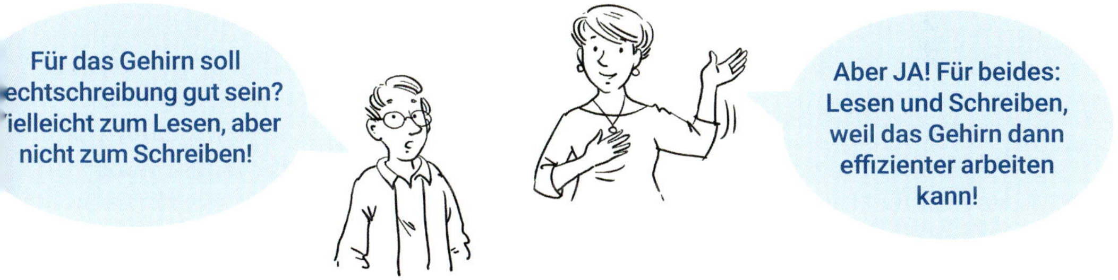

Man muss sich nur klarmachen, dass die „Erfindung" der normierten Rechtschreibung als Problemlösungsmittel gebraucht wurde, um der Vielzahl möglicher Schreibweisen ein Ende zu setzen. Eine fest normierte Rechtschreibung erleichtert Lesen und Schreiben! Man spricht daher von der „dienenden Funktion" der geregelten Rechtschreibung.

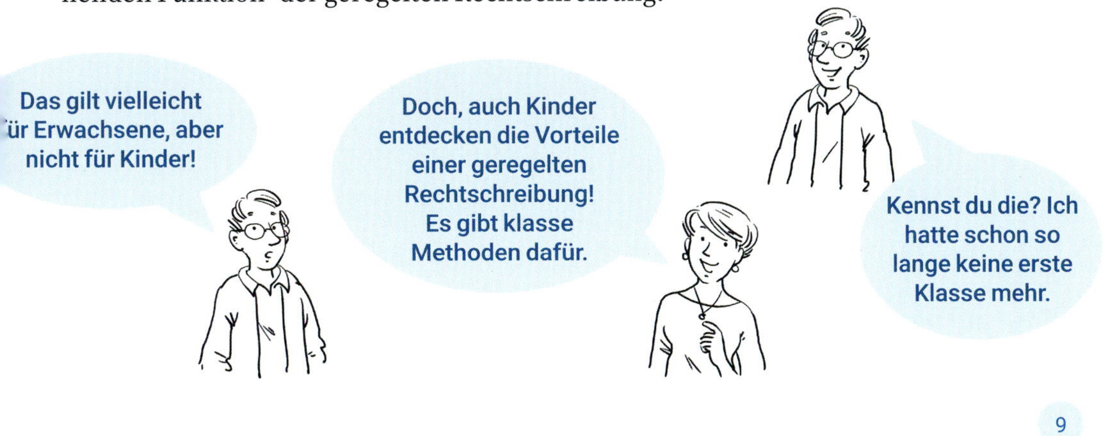

2 So entdecken Kinder die Vorteile einer normierten Rechtschreibung

Ein lohnender Weg, wie Kinder im 1. und 2. Schuljahr die Vorteile einer geregelten Rechtschreibung selbst entdecken können, führt über das Konzept:

Kinderschreibweise – Erwachsenenschreibweise

Wenn Kinder zur Schule kommen, haben sie fast alle ein gemeinsames großes Ziel. Sie wollen unbedingt – und dies möglichst gleich am ersten Schultag – „Lesen, Schreiben, Rechnen" lernen, so wie die Großen es tun. Allerdings wissen Kinder sehr genau, dass sie das nicht wirklich können. Bei ihren ersten eigenen Schreibversuchen – wie zum Beispiel bei Wörtern zu selbst gemalten Bildern, bei ersten kleinen freien Texten – schreiben Schulanfängerkinder in der Schule anfänglich daher auf ihre frühe, spezielle Weise, nämlich in *Kinderschreibweise.* Selbstverständlich benutzt die Lehrkraft als Modell die *Erwachsenenschreibweise* und benennt ihre Form des Schreibens bewusst so. Für die Kinder signalisiert dieses Verhalten ihrer Lehrkraft ganz selbstverständlich: *Ihr persönlicher Lernweg führt von der individuellen Kinderschreibweise zur allgemein gültigen Erwachsenenschreibweise.*

Die Befürchtung, Kinder prägten sich bei ihren ersten Schreibversuchen sofort die fehlerhafte Schreibweise eines Wortes ein, ist – bedauerlicherweise – *ein Trugschluss.* So funktioniert das Gehirn nicht!

Wie? „Bedauerlicherweise?“ Ja! Es wäre ja schön, wenn es so wäre, dass Kinder ein Wort nur einmal zu schreiben oder zu sehen bräuchten, und schon wäre die Rechtschreibung im Gehirn verankert. Wir könnten uns das ganze Üben sparen, das Wortschatztraining, das Diktateschreiben!

Forschungsergebnisse aus den Neurowissenschaften geben genaue Auskunft darüber, wie gehirngerechtes und damit erfolgreiches (Rechtschreiben-)Lernen abläuft:

Die Bildersequenzen der Magnetresonanztomografie des Gehirns (MRT) zeigen für Ablauf, Dauer sowie Nachhaltigkeit der Speicherung eines Lerninhaltes vier zeitlich aufeinander aufbauende Verarbeitungsmodi. Um nachhaltig gespeichert zu werden, müssen Informationen genau diese *vier Modi* im neuronalen Netzwerk durchlaufen haben: das Ultrakurzzeitgedächtnis, das Arbeitsgedächtnis, das Kurzzeitgedächtnis, das Langzeitgedächtnis (Schäfers 2017).

Dazu gibt es genaue zeitliche Angaben:

- Das Ultrakurzzeitgedächtnis speichert eingehende Sinnesreize lediglich für 1 – 2 Sekunden!
- Das Arbeitsgedächtnis speichert eine Information für einen kurzen Augenblick, für 20 – 45 Sekunden, um mit der Information kurz arbeiten zu können – um zum Beispiel die Nummer eines fremden Bankkontos eingeben oder ein unbekanntes Wort abschreiben zu können. Danach ist die Information vergessen.
- Um länger zur Verfügung zu stehen, muss die Information in das Kurzzeitgedächtnis. Hier umfasst die Speicherung wenige Stunden.
- Durch regelmäßige Wiederholung geht die Information nach und nach vom Kurzzeitgedächtnis in das Langzeitgedächtnis über, wo sie in den passenden Gedächtnisnetzwerken integriert abgespeichert wird. Zum schnellen Lesen als Kurzübersicht:

• Ultrakurzzeitgedächtnis	**bis 2 Sekunden**
• Arbeitsgedächtnis	**20 – 45 Sekunden**
• Kurzzeitgedächtnis	**wenige Stunden,**
durch Wiederholung Übergang in das	
• Langzeitgedächtnis	**von mehreren Tagen bis ein Leben lang**

Aus dieser Übersicht wird deutlich, dass ohne gezieltes regelmäßiges Wiederholen alle Informationen nach ein paar Sekunden vergessen sind, das heißt: gar nicht erst in die nächste Gedächtnisebene gelangen. Daher erreicht keine sogenannte „Kinderschreibweise“ ohne regelmäßiges Wiederholen bzw.

Üben eben genau dieser fehlerhaften Schreibweise auch nur das Kurzzeitgedächtnis, geschweige denn eine Verankerung im Langzeitgedächtnis!

Mit anderen Worten:

! Erfolgreiches Rechtschreiblernen muss an der zeitlichen Dynamik der vier neuronalen Ebenen orientiert sein!

Da die Speicherdauer in den beiden ersten Ebenen extrem kurz ist, müssen erste Wiederholungen möglichst direkt angebunden an die Einführung eines neuen Lerninhaltes erfolgen. Nach ersten Wiederholungen können die Abstände zwischen den Übungen schrittweise vergrößert werden. Erst durch regelmäßig wiederholtes Üben in zeitlich immer größeren Abständen werden Informationen fest im Langzeitgedächtnis verankert.

Verwenden Sie bei den freien Texten der Kinder im Anfangsunterricht die Bezeichnung „Kinderschreibweise", haben Kinder darüber hinaus gar nicht die Absicht, diese Schreibweise zu speichern.

! Denn für die Kinder ist das Ziel sowieso klar: die Erwachsenenschreibweise!

Befürchtungen, dass eine längere Phase des Arbeitens mit dem Prinzip

Kinderschreibweise versus Erwachsenenschreibweise,

langfristig negative Auswirkungen haben könnte, haben sich als unbegründet gezeigt (Brinkmann 2018; Brügelmann 2019b).

Gerade durch die sofortige Einbettung des Rechtschreibenlernens in den primären kommunikativen Zusammenhang entstehen lernfördernde Situationen. Dann nämlich, wenn beim selbstständigen Verfassen von ersten Texten – also der frühen schriftlichen Kommunikation – die Texte der Kinder an persönlichen Zielen, Absichten, Vorhaben, Wünschen aus der Klasse orientiert und natürlich real an die anderen Kinder der Klasse gerichtet sind, erleben Schulanfänger Schreiben von Anfang an als eine sinnstiftende Tätigkeit,

- sei es zur konkreten Mitteilung an die anderen Kinder,

Das bin ich.
Das habe ich erlebt.

- sei es zur Selbstdarstellung / Selbstvergewisserung,

Das kann ich schon. Das habe ich gelernt.

- sei es, um konkret etwas zu bewirken in der Klasse zu erreichen.

Das brauchen wir noch in unserer Klasse.

Paula, *10 Jahre,* sagt Ende 4. Klasse sehr entschieden in einem Interview zum Thema, wozu man Rechtschreibung braucht:

> *„Wenn ich einen wichtigen Brief schreibe, dann muss die Rechtschreibung doch richtig sein, sonst blamier ich mich ja!“*

Lennon, 9 Jahre, ebenfalls Ende 4. Klasse, sagt sehr entschieden in einem solchen Interview:

> *„Rechtschreibung ist wichtig. Sonst kann man ja im Internet gar nichts machen.“*

3 Die Gehirnforschung belegt: Freies Schreiben ist konstruktiv!

Erkenntnisse aus der neueren bildgebenden Gehirnforschung zum Lernen allgemein sowie auch zum Sprachlernen belegen, *dass entgegen traditioneller Sichtweise frühes selbstständiges Schreiben genau der Arbeitsweise des menschlichen Gehirns entspricht* (Oerter / Montada 2008; Schneider / Lindenberger 2016). Mit anderen Worten: Das Gehirn „liebt" frühes selbstständiges Schreiben!

Man weiß heute, dass unser Gehirn genetisch so angelegt ist, dass es – für uns unbemerkt – kontinuierlich jede Art von Erfahrung blitzschnell daraufhin analysiert, ob darin eine Art von bekannter Systematik oder aber eine neuartige Typik von Information zu erkennen ist (Spitzer 2006, 2007, 2010; Tracy 2007; Sterzer 2014, 2016).

Und ebenso blitzschnell, quasi simultan, ordnet das Gehirn das Ergebnis dieser Analyse in das bestehende neuronale Netzwerk ein, und zwar folgendermaßen:

- *Bei bekannten Phänomenen* werden die Informationen einem passenden, bereits installierten inneren Regelsystem flexibel zugeordnet. Flexibel bedeutet hier, dass das Gehirn bei einer passenden Information, die aber zusätzlich neue Aspekte bietet, die neuen Aspekte *in das bereits bestehende*

System integriert. Das innere Regelwerk erhält quasi ein „Update“ und wird „aktualisiert“.

- Handelt es sich jedoch um bislang *unbekannte Informationen,* für die es im neuronalen Netzwerk keine passende Stelle zum Andocken gibt, konstruiert das Gehirn sofort *ein neues inneres Regelsystem* (eine Art Ordnersystem), in das später ähnliche Informationen einsortiert werden können.

Wir nehmen diese supraschnellen neuronalen Aktionen überhaupt nicht wahr, handeln aber danach!

Das menschliche Gehirn stellt uns mit seinem durch Analyse-Synthese-Aktivitäten entstandenen neuronalen Netzwerk ein geniales System zur Realitätsbewältigung bereit!

Diese neuronal intuitiv konstruierten Regel- oder Mustersysteme (Scripts) wirken im Gehirn als handlungsleitende Erwartungsschemata. Mit solchen Erwartungsschemata signalisiert das Gehirn quasi im Vorhinein, was in einer bekannten oder neuen, aber ähnlichen Situation aller Wahrscheinlichkeit nach als Nächstes „passieren“ wird („wenn A – dann B“), also welche Handlung sinnvoll sein wird (Spitzer 2006, 2007, 2010; Sterzer 2014, 2016). Beispiel einer Alltagssituation: Zwei Ampeln rot, bekanntes häufiges Erwartungsschema: dritte Ampel auch rot!

Das Gehirn: eine Prognosemaschine, die Erwartungsschemata benutzt!

Neuronale Erwartungsschemata ermöglichen somit schnelles, zielgerichtetes, also effektives Handeln in der Realität. Die aktuelle Gehirnforschung spricht daher bildhaft vom „Gehirn als Prognosemaschine".

Auch Lernprozesse funktionieren über die Konstruktion neuronaler Muster, also über die dazugehörigen Erwartungsschemata. Und genauso läuft sprachliches Lernen und Handeln ab: über neuronale Musterbildung mit den entsprechenden Erwartungsschemata.

Lesen Sie zum Beispiel als Textanfang nur den kurzen, noch unvollständigen Satzanfang: „Es war einmal ...", signalisiert das Gehirn Ihnen sofort, dank der gespeicherten inneren Regel: Jetzt kommt ein Märchen! Gemeinhin denken wir, derartig komplexe neuronale Aktivitäten seien nur Erwachsenen möglich, nicht aber Kindern! Und doch gilt dies genauso für das kindliche Gehirn. Die beeindruckenden Ergebnisse der empirischen Gehirnforschung (Analyse der kindlichen Gehirnaktivität mit bildgebenden FLOW-MRT-Geräten) zeigen:

Auch bereits das kindliche Gehirn arbeitet unablässig mit eigenständig konstruierten inneren Regel- und Mustersystemen.

Die so gebildeten Erwartungsschemata erleichtern es Kindern, sich in der realen Welt, auch der Welt der Sprache bzw. der Welt der Rechtschreibung, zurechtzufinden. Funktionieren diese Erwartungsschemata, werden sie gefestigt. Funktionieren Erwartungsschemata nicht mehr, zum Beispiel weil sich die Realität verändert hat, werden die dazugehörigen Regel- bzw. Mustersysteme flexibel verändert oder aber ganz fallen gelassen (Saum-Adelhoff 2006; Sodian 2008 / 2016; Max-Planck-Institut für Kognitionsforschung 2016).

Sie können diese Arbeitsweise des kindlichen Gehirns selbst früh beobachten: Ermöglicht ein gebildetes Muster- bzw. Regelsystem Kindern in der Realität erfolgreiches Handeln wie – „Duplo-Turm bleibt stehen!" –, wird die Bauweise immer wieder angewandt und nach und nach als inneres Handlungsschema gespeichert. Fällt der Turm jedoch immer wieder um, wird nach einer gewissen Zeit eine neue Bauweise erprobt, das alte Muster verändert oder ganz fallen gelassen und das aktuell funktionierende Bausystem als neues Schema gespeichert.

Übrigens!
Die so gebildeten Erwartungsschemata funktionieren immer!
Auch in Situationen, in denen Sie, als erwachsene, gefestigte Person, zu Ihrem eigenen Erstaunen merken, dass ein besonders tief gespeichertes, unbewusst unzählige Mal erfolgreich angewandtes Handlungsmuster, das natürlich auf einem mentalen Erwartungsschema basiert, Sie in eine peinliche bzw. zumindest unangenehme Situation bringt. Eine Situation, die Sie dazu herausfordert, das strenge innere Handlungsschema „Lehrerblick“ durch etwas mehr Flexibilität / Situationsangemessenheit anzureichern.
Zur Verdeutlichung hier ein sogenannter (etwas gemeiner) Schülerwitz:

Der Schuldirektor besucht – wegen einer aktuell wichtigen Information – mitten während einer Unterrichtsstunde völlig unerwartet die Klasse 3a.
Klopft an die Klassentür und tritt sofort ein.
Mira ist gerade dabei, einen Satz an die Schultafel zu schreiben.
Er liest:
Ich ist
Sofort greift er ein: „Aber Mira, das ist falsch! Das muss heißen:
Ich bin!“
Mira schreibt ihren Satz – konzentriert – wie geplant zu Ende. Also:
Ich bin ein persönliches Fürwort!

4 Forschungsstand: Bereits Babys konstruieren innere Sprachregeln

Die meisten Menschen können sich, trotz – neurologisch-empirischer – Belege nicht vorstellen, dass bereits das kindliche Gehirn intuitiv mit inneren Analyse-Synthese-Prozessen zur Musterbildung funktioniert. Und doch ist es so. Auf Sprachlernprozesse bezogen bedeutet dies:

> Zum Erlernen der Sprache konstruiert das kindliche Gehirn unablässig eigenaktiv innere Sprachregeln, und dies sowohl – Achtung! – bereits pränatal als auch natürlich postnatal.

Das menschliche Gehirn kann gar nicht anders, als so zu arbeiten, da es genetisch auf innere Muster- und Regelbildung angelegt ist! Schon das frühestkindliche Sprechenlernen verläuft über intuitive Regelbildung mittels Analyse- und Syntheseaktivitäten. Kinder erwerben Sprache nicht wie Papageien vor allem durch Nachahmung, sondern über die eigenaktive Konstruktion innerer Regeln und deren Vernetzung im Gehirn. Voraussetzung dafür ist eine reichhaltig anregende sprachliche Umgebung, denn sie stellt die Basis für die innere Konstruktion neuronaler Muster und deren prüfende Anwendung bereit. Den Rest erledigt das Gehirn von allein!

Hier ein paar erstaunliche Fakten:

- **Wussten Sie**, dass Säuglinge bereits nach der Geburt die Sprache ihrer Mutter von der Sprache anderer Personen unterscheiden können? Pränatal, also im Bauch der Mutter, hat das Gehirn der Babys bereits erste sprachliche Regeln gebildet, hier: die melodisch-rhythmischen Merkmale der Sprache ihrer Mutter, die Prosodie.
- **Wussten Sie**, dass Säuglinge schon vier Tage nach der Geburt zwischen der Muttersprache und einer Fremdsprache unterscheiden? Auch hier hat das Gehirn der Babys pränatal bereits die intonatorischen Regeln der Muttersprache entdeckt und vergleicht sie mit der aktuell eingehenden sprachlichen Information.
- **Wussten Sie**, dass Babys mit drei Monaten neuronal Sprachlaute bereits anders und besser verarbeiten als Nicht-Sprachlaute? Obwohl sie selbst noch nicht sprechen können, hat das Gehirn dieses Unterscheidungsschema als innere Regel bereits aufgebaut.
- **Wussten Sie,** dass Babys im Alter von drei Monaten bereits einfache Silbengliederungen erkennen? (Sämtliche Forschungsergebnisse dazu: Friederici u. a. in *Max-Planck-Institut* 2016 / 2017; Tracy 2007.)

All diese beeindruckenden Entwicklungen geschehen allein dadurch, dass das Kind in einer sprachlich anregenden Umgebung lebt, die das menschliche Gehirn zur inneren Regelbildung durch Experimentieren mit Sprachlauten, ersten Wörtern, eben mit Sprache anregt (Butzkamp / Butzkamp 2013).

Und selbstverständlich gilt das auch für das Erlernen der *Rechtschreibung*. Dabei stellt das freie Schreiben am Schulanfang, praktiziert im Rahmen einer sprachlich anregungsreichen schulischen Umgebung verbunden mit dem Konzept „Kinderschreibweise versus Erwachsenenschreibweise“, genau die Basis zur Verfügung, auf der das Gehirn eigenaktiv die basalen Regeln unseres Schriftsystems entdecken kann! Selbstverständlich geschieht der Aufbau dieser inneren Regelsysteme zunächst *vollkommen intuitiv, also unbewusst.* Erst später im Laufe der Grundschulzeit geschieht die innere Regelbildung in einer Kombination aus unbewusstem und bewusstem Lernen, noch später auch als intentional bewusstes Vorgehen. Das heißt:

Mit freiem Schreiben in Kombination mit dem Prinzip „Kinderschreibweise/Erwachsenenschreibweise“ entdecken Kinder im Anfangsunterricht gehirngerecht selbsttätig die Grundstruktur unseres Schriftsystems: Experimentierend erforschen sie eigenaktiv das grundlegende Prinzip unserer Rechtschreibung – die Buchstaben-Laut-Zuordnung oder fachsprachlich ausgedrückt: die Phonem-Graphem-Korrespondenz.

In der Diskussion um das freie Schreiben ist eine Tatsache vielerorts in Vergessenheit geraten oder sogar bestritten worden, nämlich die weitgehende Lauttreue als das erste Grundprinzip unseres Schriftsystems. Auch wenn unsere Schrift keine absolute Lauttreue bietet, so gelten doch immerhin *70 % bis 80 % unserer Wörter* (je nach Zählmodus) sprachstatistisch belegt *als lauttreu* (Naumann 1989; Thomé 2011). Wenn Schule es Kindern ermöglicht, eigenaktiv die basale Lauttreue unseres Schriftsystems zu entdecken und intuitiv als erstes Regelsystem zu verinnerlichen, haben diese Kinder eigenständig das neuronale Fundament – die Basis – bereits „installiert“, worauf alle weiteren Erkenntnisse als innere Regeln aufgebaut werden können.

Die Gehirnforschung hat das lautorientierte Vorgehen rehabilitiert.

Es ist doch logisch: Erst wenn Kinder, mit Schrift experimentierend, das Grundprinzip der Lautorientierung für sich als innere Basisregel „erobert“ und neuronal verankert haben, können sie daran andockend weitere Strukturaspekte (wie z. B. Wortbausteine, Groß-Klein-Schreibung, Bedeutung von Interpunktion usw.) entdecken und integrieren. Es ist wie beim Hausbau: Wer die Basis nicht fest erbaut, kann nicht weiter darauf aufbauen! Damit wird das von den Kindern beim freien Schreiben anfänglich praktizierte, viel kritisierte lautorientierte Vorgehen nicht nur rehabilitiert. Es erhält den notwendigen Basisstatus zurück.

Es ist erstaunlich, was die Gehirnforschung zeigt:
Das, was wir Kindern mühsam beizubringen versuchen, leistet das kindliche Gehirn in einer sprachlich anregenden Umgebung – genetisch bedingt – selbst!

Freies Schreiben ermöglicht es Kindern, gehirngerecht, selbstständig und eigenaktiv das Grundprinzip unserer Rechtschreibung (die Lauttreue) zu entdecken, um es nach und nach durch weitere innere Regeln zu verfeinern. Dabei spielt das Prinzip von der „Kinderschreibweise zur Erwachsenenschreibweise“ als Zielmarke für die Kinder selbst eine wichtige Rolle. Dadurch, dass den Kindern die Erwachsenenschreibweise als freiwilliges Orientierungsangebot zur Verfügung steht, das sie, wenn sie wollen, nutzen oder ihrer Lernentwicklung gemäß zunächst ignorieren können, bietet dieses Vorgehen genau die Art von anregender Lernumgebung, die individuelles eigenaktives Entdecken der Orthografie fördert. In ihren frühen Wortkonstruktionen schreiben die Kinder im Übrigen nicht einfach „nach Gehör“. Nein, sie setzen ihren ganzen detektivischen Sprachspürsinn ein, um die Lautfolge eines Wortes „herauszubekommen“, und das können Sie beobachten: Sie können es am konzentrierten Gesichtsausdruck erkennen, an den feinen Lippenbewegungen verfolgen und als leises „Vorsichhinsprechen“ hören.

5 Schulanfänger beim Regelkonstruieren beobachten

Was geht in Kindern vor, welche inneren Prozesse laufen ab, wie machen Kinder das, wenn sie früh erste eigene Wörter (Lieblingswörter) in Kinderschrift schreiben?

Das zu beobachten, zeigt ein wenig davon, wie das kindliche Gehirn arbeitet. Denn Sie können tatsächlich am Gesicht von Kindern beobachten, wie strategisch diese vorgehen bei ihren ersten Versuchen, ein Wort zu schreiben! *Hochkonzentriert* richten sie ihre gesamte Aufmerksamkeit dabei *auf das „Wie" des Schreibens,* also auf das formale Bauprinzip unserer Schrift. Die bislang für das Kind ausschließlich bedeutsame inhaltliche Seite eines Wortes tritt bei diesem Prozess vorübergehend in den Hintergrund.

Konkret experimentiert das frei schreibende Kind mit seiner gesamten Aufmerksamkeit mit der ersten Rechtschreibstrategie: von der Lautung zu Schreibung!

Diese „lautbezogene Analyse" des zu schreibenden Wortes läuft bei Kindern typischerweise sowohl unbewusst als auch zum Teil bewusst, teils *auch für Sie als Lehrkraft hörbar,* ab:

Zunächst fragt sich das Kind – mental oder leise vor sich hinsprechend

Welches Wort will ich schreiben?

Und fast gleichzeitig

Wie mach ich das jetzt?

Diese kognitiv auf formale Sprache ausgerichtete innere Aktivität zur Beantwortung der Frage „Wie mache ich das jetzt?" können Sie gut an den Gesichtsbewegungen des Kindes oder an den Bewegungen der Lippen beobachten, teilweise sogar als leises Murmeln hören:

> Mehrfach leise vor sich hinlautierend, untersucht das Kind zunächst die Klanggestalt des Wortes. Fast gleichzeitig oder kurz danach versucht das Kind, entsprechend seiner sprachlichen Vorerfahrungen die wahrgenommene Klanggestalt in einzelne Lautwahrnehmungen zu zerlegen, um diese dann in Buchstabenzeichen umzusetzen.

Innerlich konstruiert und überprüft das Kind also jetzt Hypothesen zu möglichen Laut-Buchstaben-Kombinationen in der Art wie: „Passt dieses Schriftzeichen (Buchstabe) zu dem gespürten Wortklang, oder doch nicht?“ Selbstständig führt das Kind dabei eine höchst anspruchsvolle Tätigkeit aus: *eine analytisch-synthetische Sprachuntersuchung!*

Mit dieser gedanklich-lautbezogenen Durchdringung eines Wortes unter dem formalen Aspekt der Schreibweise trainieren die Kinder eigenaktiv,

- sich vorübergehend vom Inhaltsaspekt eines Wortes zu lösen,
- um sich auf den „formal-abstrakten“ lautlichen Aspekt eines Wortes zu konzentrieren.

Dabei schulen die Kinder eigenaktiv das, was heute gerne phonologische Bewusstheit genannt wird und vormals als Fähigkeit zur Lautdiskrimination geübt wurde!

Tatsächlich *„erschreibt“* das Kind sich den für die deutsche Orthografie grundlegenden Zusammenhang von Lautung und Schreibung. Dabei sind die Kinder gleichzeitig durch das Angebot der Erwachsenenschreibweise unterrichtlich frühzeitig auf die Zielmarke Normschreibweise hin orientiert.

6 Freies Schreiben sensibilisiert von Anfang an für die Rechtschreibung

Mit freiem Schreiben im Anfangsunterricht zu arbeiten bedeutet keinesfalls, Kinder in ihrer Entwicklung sich selbst oder dem Zufall zu überlassen. Es geht stattdessen um Angebote, die im Unterricht zur Eroberung der Rechtschreibung anregen, inspirieren, ermuntern. Schon die frühe Arbeit mit der Kombination aus Kinderschreibweise versus Erwachsenenschreibweise bewirkt, dass die Kinder sich von Anfang an damit auseinandersetzen, wie Erwachsene schreiben, das heißt, „wie man richtig schreibt". Es gibt kreative Möglichkeiten, genau diese Entwicklung frühzeitig zu unterstützen.

Ein einfaches, wirkungsvolles Verfahren, das sich problemlos in jeden Anfangsunterricht einbauen lässt, stellt hierbei das Lernen am Modell dar. Dieses Vorgehen ist besonders gut geeignet, um bei vielen Kindern die Lücke fehlender sprachlicher Vorerfahrungen zu verkleinern, und fördert gleichzeitig alle Kinder. Das gilt also nicht nur für sprachlich wenig geförderte Kinder bzw. Kinder mit anderer Muttersprache, sondern dieses Verfahren bietet Herausforderungen für alle Kinder.

Sie als Lehrkraft fungieren dabei als ein erlebbares Schreibmodell: An Ihren Aktivitäten können die Kinder quasi „live und in Zeitlupe" verfolgen, wie ein Wort über Laut-Buchstaben-Zuordnungen „verschriftet" werden kann.

Beispiel 1 = Level 1 geht so:

Wann immer Sie in der allerersten Zeit in der Klasse / Gruppe ein Wort – einen Namen, eine Aktivität oder was auch immer (später einen kurzen Satz) – an die Tafel schreiben, beginnen Sie den Schreibvorgang laut und deutlich sprechend mit dem Satz:

- Ich schreibe jetzt ein Wort so, wie es die Erwachsenen schreiben, also in: Erwachsenenschreibweise.
- Gut hörbar und deutlich lautierend begleiten Sie dann den Schreibvorgang beim (vielleicht von Kindern vorgeschlagenen) Wort „MAMA“ wie folgt:
- Sie sprechen zunächst das Wort für alle hörbar – gedehnt lautierend – vor sich hin.
- Sie kommentieren dies mit Worten wie: „AHA. Ganz am Anfang höre ich ein ‚mmmm‘; also schreibe ich ‚M‘.“
- Wieder sprechen Sie das ganze Wort deutlich lautierend vor der Klasse aus. „MAMA!“ – und bemerken: „Oh, ich höre was! Hört noch jemand, was nach dem ‚mmmm‘ kommt?“
- Oder aber Sie kommentieren gegebenenfalls einfach nur: „Oh, als Zweites höre ich ein ‚A‘.“

So erstellen Sie Stück für Stück „öffentlich“ den Schriftzug des Wortes.

Ein bisschen Schauspielkunst dabei wie: *„Oh je! Welcher Buchstabe kommt denn jetzt?“,* macht die Sache für Kinder zusätzlich spannend. Und tatsächlich finden sich in den meisten Klassen ein oder zwei Kinder, die genau den (oder aber einen anderen) Folgebuchstaben vorschlagen. Ist es nicht der passende Buchstabe, sagen Sie einfach: „Oh, jetzt erinnere ich mich. Der war es nicht.“ In jedem Fall aber präsentieren Sie damit eine Methode, mit der viele Kinder überhaupt erst einmal akustisch-visuell nachvollziehbar das Prinzip des „Laut-Buchstaben-Zusammenhangs“ entdecken können. Und zwar so konkret, dass sie es bei eigenen Schreibversuchen erproben können! Ähnlich verfahren viele Mütter und Väter mit ihren Kindern im häuslichen Kontext.

Beispiel 2 = Level 2 geht so:

Hierbei handelt sich um ein tägliches Ritual für den morgendlichen Schulbeginn mit ähnlichem Charakter. In der Praxis hat es sich bewährt, in den ersten Schulwochen, jeweils zu Beginn der ersten Stunde – ebenfalls laut und deutlich artikulierend – *den „Tagesplan“ an die Tafel zu schreiben,* also alles, was „heute gemacht wird“ (eventuell in Großbuchstaben) (siehe S. 26). Die Kinder sind mit Interesse dabei, wollen sie doch wissen, was heute „dran“ ist. Wieder probieren die Kinder, passende Buchstaben vorzuschlagen. Der Vorteil für die Kinder ist dabei, dass sie nach einiger Zeit die Wörter kennen und sich beim Vorschlagen der einzelnen Buchstaben sicher ein Erfolgserlebnis verschaffen können.

Tagesplan Klasse 1/2 C

Montag 8.6.2020
Lesen
Rechnen
Schreiben
Sport

Genauso beliebt ist es bei den Kindern, wenn Sie zu Beginn einer anderen Stunde als tägliches Ritual eine Frage stellen wie: „Hat jemand heute ein Lieblingswort, das wir gemeinsam an die Tafel schreiben können?"

Auch die Entstehung der Schreibweise dieses besonderen Wortes verfolgen Kinder aufmerksam. Neben so „schön einfachen Wörtern" wie *Katze, Pilot, Lego, Auto, Mama* werden auch schwierige Wörter wie *Astronaut, Hubschrauber, Fritten, Playmobil* genannt, Wörter, anhand derer Sie gleich locker erste Sprachbesonderheiten ansprechen können. Meistens sind die Kinder nach kurzer Zeit mit diesem Ritual vertraut. Dann ist es Zeit, eine anspruchsvollere Variante einzuführen. Die bisherige Frage: „Weiß jemand schon den nächsten Buchstaben?", wird daher jetzt ergänzt durch die Aufforderung, den anderen Kindern zu erklären: „Woher weißt du das? Wie bist du darauf gekommen?"

In solchen Gesprächen wird genau die kognitive Aktivität von Kind zu Kind weitergegeben, durch die Lernanfänger bereits bei ersten Schreibexperimenten für die Rechtschreibung sensibilisiert werden. Und natürlich dürfen die Kinder das Lieblingswort dann auch in ihr Tagebuch „abschreiben".

Erstes Sensibilisieren für die Rechtschreibung

Über das Prinzip des **Modelllernens** erhalten Kinder erste Anregungen dazu, wie unsere Schrift funktioniert.
Einerseits gelangen so **orthografische Anregungen** von Schulbeginn an beim gemeinsamen Schreiben erster Wörter an der Tafel in den Aufmerksamkeitshorizont der Kinder.
Andererseits orientieren sich die Kinder beim **Vergleich von Kinderschreibweise und Erwachsenenschreibweise an der** Normorthografie.
Besonders die **gemeinsamen Gespräche** über erste Wortschreibungen an der Tafel mit den Begründungen der Kinder dazu bewirken, dass Kinder bereits früh erste Rechtschreibstrategien – von Kind zu Kind – kennenlernen.

Beispiel 3 = Level 3 geht so:

Nach einiger Zeit geht es jetzt um Rechtschreiberfahrungen auf einem deutlich anspruchsvolleren Niveau. Haben sich Ihre Kinder beim Konstruieren der Rechtschreibung bisher auf der Wortebene bewegt, so geht es nun um erste „Experimente" mit den spannenden Schreiberfahrungen auf der Satzebene.

Hier kommen gleichzeitig mehrere neue Herausforderungen auf die Kinder zu. Jetzt gerät die Groß-/Kleinschreibung in den Fokus. Wurden bislang Nomen verschriftet, werden jetzt Verben/Verbformen sowie Wortabstände und die Interpunktion bewusst erlebt. Auch die Interpunktion mit ihren Satzschlusszeichen gehört dazu.

Machen Sie in Ihrer Klasse einen Morgenkreis? Wir haben jeden Montagmorgen in der ersten Stunde gute Erfahrungen mit diesem Ritual gemacht. Nach einiger Zeit stellen die Kinder bereits beim Ankommen ihre Stühle in einer Kreisform auf.

Und dann – dann dürfen die Kinder erzählen: vom Wochenende oder wie es ihnen geht oder was sie vorhaben, sich wünschen – was ihnen wichtig ist! Dies ist die Basis für den ersten gemeinsam verschrifteten Text. Fast alle Kinder erzählen gerne. Die Kinder entscheiden selbst, welcher Kindersatz gemeinsam an der Tafel „verschriftet" werden soll. Methode? Wie bei Level 1 und 2 im gemeinsamen Konstruieren: Buchstabe für Buchstabe, Wort für Wort. Das „Autorenkind" „darf" den Satz plus Bild in das Buch *Erste Sätze Klasse xx* eintragen und ein Bild dazu malen.

Erste Sätze

7 Frühes freies Schreiben: praktisches Diagnosetool

Frühes selbstständiges Schreiben stellt insofern ein besonders sinnvolles Lernarrangement dar, als es Ihnen als Lehrkraft ermöglicht, bei der täglichen Arbeit ohne zusätzlichen Aufwand den Prozess der inneren Regelbildung eines Kindes kontinuierlich zu beobachten und zu fördern.

Denn die eigenständigen Verschriftungen (Wörter, Minitexte) in *Kinderschreibweise* zeigen Ihnen sofort das Niveau der inneren Regelbildung eines Kindes. Sie arbeiten quasi *automatisch mit einer ständigen Lernstandsdiagnose!*

Wenn Kinder von Schulbeginn an regelmäßig Zeiten/Anreize für freie Schreibaktivitäten bekommen, erkennen Sie als Lehrerin in jedem kleinen Text sofort die Rechtschreibentwicklung eines Kindes: Sie sehen:

- welche Schreibregeln das jeweilige Kind bereits anwendet, d.h. neuronal gespeichert hat,
- welche Strukturen noch nicht entdeckt wurden oder
- welche Regeln das Kind gerade entdeckt und erprobt.

Das, was wir bislang unter dem Aspekt „Fehler" betrachtet haben, wird hier zu einer diagnostischen Möglichkeit. Sogenannte Fehler zeigen Ihnen in einer Art Diagnosefenster den Stand der inneren Regelbildung eines Kindes. Der diagnostische Fokus ist jetzt auf die *Dynamik des Entwicklungsgeschehens* gerichtet. Dabei können Sie quasi in Echtzeit verfolgen, wie Kinder basale Prinzipien für erfolgreiches Rechtschreiblernen entdecken und erproben:

- In Bezug auf den phonologischen Aspekt können Sie an den Lippenbewegungen ablesen, wie konzentriert Kinder versuchen, die Lautfolge eines Wortes zu erfassen, um sie mit ersten Schriftzeichen abzubilden.
- In Bezug auf den orthografischen Aspekt sehen Sie, wie die Kinder mit ersten Annäherungen an die Regeln unserer Normorthografie experimentieren.
- In Bezug auf den mentalen Aspekt beobachten Sie, wie Kinder sich bei ihren Schreibaktivitäten mit der Buchstaben-Laut-Analyse von dem bisher ausschließlich wichtigen Bedeutungsaspekt eines Wortes abwenden und sich auf einen rein formalen Aspekt der Sprache konzentrieren.

Dieser mentale Prozess beim frühen freien Schreiben hat für die Entwicklung des Rechtschreibens eine außerordentlich hohe Bedeutung! Er zeigt, dass Ihre Kinder eigenaktiv eine *erste tiefgreifende Abstraktionsleistung vollbringen:* einen Perspektivwechsel!

Die Fähigkeit zu einem solchen Perspektivwechsel – weg vom Wortinhalt stattdessen Konzentration auf formale Aspekte von Sprache – stellt *die grundlegende kognitive Voraussetzung dar für eine erfolgreiche Entwicklung von Rechtschreibkompetenz!*

Jedes Nachdenken über Sprache und ihre Schreibung, jeder Erwerb von Rechtschreibregeln erfordert die Kompetenz zu einem Perspektivwechsel! Und diese anspruchsvolle Abstraktionsleistung *praktizieren erstaunlicherweise Kinder von sich aus bereits zu Schulbeginn, nämlich in dem Moment, in dem sie versuchen, selbst zu schreiben!*

Selbstverständlich werden die Kinder dabei nicht alleingelassen, sondern durch handlungsbezogene Lernangebote inspiriert und unterstützt. Wenn Kinder dann ihre eigenen Wörter oder Minitexte (bebildert) in ihr individuelles Schreibtagebuch übertragen, entsteht für jedes Kindes nach und nach ein eigenes Portfolio. Auf diese Weise dokumentiert jedes Kind kontinuierlich die eigene Rechtschreibentwicklung und erhält zudem notwendige Inspirationen durch die Erwachsenenschreibweise. Sowohl Kinder („Guck mal, so hab ich da noch geschrieben ...") als auch Eltern und natürlich Lehrkräfte schätzen diese Form der „natürlichen" Dokumentation.

8 Frühe Lernangebote zum intuitiven Entdecken von Rechtschreibmustern

Die folgenden Unterrichtsbeispiele eignen sich besonders für Kinder mit wenig sprachlichen Vorerfahrungen, aber auch stärker geförderte Kinder werden dadurch gefordert und haben ebenso Spaß daran.

Kinder lieben es, sich im Alltag neuen Herausforderungen und Entdeckungen zu stellen. Dies gilt besonders für solche Herausforderungen, bei denen sie sich frei von Bewertungen spielerisch „erproben" und neue Erfahrungen sammeln können. So wie Kinder beim Bauen von Sandburgen oder Legoobjekten ihre konstruktiven Fähigkeiten erproben, experimentieren viele Kinder bereits vor der Schule unbeschwert mit Schrift. Allerdings geschieht dies – je nach biografischer Situation der Kinder – schon mehr oder weniger ausgeprägt mit dem Fokus auf die Kommunikation, aber deutlich weniger ausgerichtet auf das Rechtschreiben. Gleichzeitig bieten diese genuin kindlichen Sprachaktivitäten wertvolle Anregungen für schulische Förderprozesse.

Sie kennen das sicher:

- Stolz kleben Kinder an ihre Zimmertür einen Zettel mit dem krakelig geschriebenen Wort *NEIN*, um deutlich zu machen, dass niemand dieses Zimmer betreten darf. Dabei spielt es keine Rolle, ob das Wort schön, krakelig, korrekt oder falsch geschrieben oder von einem Erwachsenen vorgeschrieben wurde. Hauptsache, es funktioniert.
- Erwartungsfroh aufgeregt stellen sie gemeinsam mit anderen Kindern für eine Zirkusvorstellung Eintrittskarten her, mit denen Erwachsene gegen ein geringes Entgelt die Vorstellung der Kinder besuchen können. Toll, wenn Schrift so „einträglich" funktioniert.
- Liebevoll „schreibmalen" sie das Logo ihres Fußballvereins *WERDER BREMEN* auf eine selbstgebastelte Fahne und hängen diese an ihr Fahrrad. Schreiben funktioniert auch zur Selbstdarstellung. Super!

Mit anderen Worten: Kinder zeigen bereits im Vorschulalter, dass und wie sie eigenaktiv die kommunikative Funktion von Schrift entdecken und sie für ihre persönlichen Zwecke nutzen! Erkenntnisse aus der empirischen Spracherwerbsforschung belegen diese Fähigkeit auch für weitere Sprachfunktionen.

- So haben Kinder sich zum Beispiel ebenfalls bereits bis zum Schuleintritt – selbstständig und eigenaktiv – eine kommunikativ funktionierende Grammatik ihrer Sprache angeeignet, der jeweiligen familiären Lebenssituation entsprechend eher entfaltet oder eher reduziert.
- Eigenaktiv bedeutet dabei, dass Kinder ihre Grammatikkompetenz nicht etwa über Belehrungen oder Übungen im Sinne von Grammatikunterricht erworben haben, sondern in kommunikativ bedeutsamen Situationen, zum Beispiel in der Familie oder Kita.
- Dieses eigenständige grammatische Lernverhalten mittels unbewusster innerer Konstruktion von Regeln entspricht genau den Forschungen in Bezug auf den Erwerb von Schreib- und Rechtschreibkompetenz im frühen Kindesalter.

Selbstverständlich ist dabei zu berücksichtigen, dass Kinder durch soziale Benachteiligung oder Migrationshintergrund viel geringere oder gar keine frühen häuslichen Anregungen zur Erprobung von Schrift und Schreiben erleben konnten. Ratsam ist es daher, in den ersten Schulwochen spielerische Erfahrungsräume zur entdeckenden Begegnung mit Schrift, Schreiben und Rechtschreiben in die tägliche Arbeit zu integrieren. Es geht dabei um handlungsbezogene entdeckende Begegnungen mit Schrift, Schreiben und Rechtschreiben.

Kommerzielle Materialien zum Lesen- und Schreibenlernen wie Anlautmemorys, Wörtermemorys, Wörterdominos oder Wörterwürfel können dabei unterstützend wirken. Besonders förderlich und auch für Könner anregend wirken – unserer Erfahrung nach – inspirierende Gruppenerfahrungen durch gemeinsame Handlungsspiele mit der ganzen Klasse / Gruppe. Zur Verdeutlichung folgen einige Beispiele aus unserer Hitliste für direkt auf die Klasse / Gruppe bezogene einfache, frühe Handlungsspiele:

Namenskarten als erstes Lernmaterial

- Die Namenskarten (relativ groß) der Kinder zeigen auf der Vorderseite den Namen in Großbuchstaben, auf der Rückseite in Kleinbuchstaben und stehen gewinkelt auf den Tischen.
- Jeden Morgen suchen sich die Kinder entsprechend der neuen Position ihrer Namenskarte ihren aktuellen Platz. Sie, als Lehrerin, haben die Karten natürlich neu verteilt.
- Dann inszenieren Sie das bewusste Vertauschen und Wiederfinden der Namenskarten (alle Kinder schließen dafür die Augen, ein Kind geht umher und vertauscht).

- Natürlich eignen sich diese Karten danach auch für das Zerschneiden (in Silben, in Buchstaben) und Wiederzusammenkleben, das Vergleichen der Länge der Namen, das Abzählen der Buchstaben, das Sortieren nach Anfangs- oder Endbuchstaben …
- Ziemlich schnell entdecken bzw. erkennen Kinder auf ihren Namenskarten Groß- und Kleinbuchstaben, wobei diese Entdeckung allen anderen Kindern zu Überprüfung ihrer eigenen Namenskarte mitgeteilt wird.
- Im gemeinsamen Handlungsvollzug machen Kinder so Erfahrungen mit Begrifflichkeiten wie Laut, Buchstabe, Silbe.

Kinderfotos als erstes Lernmaterial

- Die darstellende Funktion von Schrift und Schreiben erleben Kinder, wenn Sie – wie in vielen Schulen üblich – in dem Einführungsbrief an die zukünftigen Klasseneltern um ein **kleines Foto** bitten (Betonung auf klein!).
- Bewährt hat es sich, diese Fotos (Kopien der Fotos) auf DIN-A4-Bögen zu kleben und als Wandfries gereiht an eine Wand des Klassenraumes zu kleben. Kinder, denen es nicht möglich ist (war), ein Foto mitzubringen, werden von Ihnen (Smartphone) fotografiert.
- Dazu **schreiben die Kinder selbst** ihren Namen unter das Foto auf den Bogen – eventuell als „Abschreib-Malen" von der Namenskarte. Stolz suchen morgens viele Kinder „sich" oder finden andere Kinder der Klasse auf der Wandzeitung.
- Sinnvoll ist es, dann vor den Augen der Kinder (deutlich lautierend) über den fertigen Wandfries einen Schriftzug zu erstellen und zu befestigen, wie „DAS SIND WIR!" oder „DIE KLASSE 1/2c".

Später, der Platz an der Wand wird jetzt für andere Zwecke wie die Grundwortschatzsammlung, gebraucht, wird aus dem Wandfries der *Geburtstagskalender* der Kinder.

„Ich-Bögen" als erstes Lernmaterial

„Ich-Bögen" sorgen für positive emotionale Erfahrungen im frühen Gebrauch von Schrift. Dafür eignen sich DIN-A4-Bögen, die Sie jeweils mit einer Überschrift versehen in der Art wie:

Das BIN ICH
DAS IST MEIN LIEBSTES SPIELZEUG
DAS ESSE ICH SO GERN

- Die Kinder können sich die Bögen aussuchen, nachdem sie versucht haben (mit Hilfe), die Überschrift zu erlesen (zu erraten …), und das entsprechende Bild dazu malen. Durch einen äußeren Rahmen kennzeichnen Sie den Bereich, in den die Kinder das zur Überschrift passende Bild zeichnen.
- Viele Kinder „schreibmalen" dann die Überschrift nach. Entsprechend der heterogenen Vorerfahrungen der Kinder „schmücken" sie ihre Bögen mit eigenen Wörtern oder Buchstaben, die sie bereits kennen – oder auch nicht. Stets aber gehört der Name unter das Bild. Viele Kinder versuchen auch, den Namen ihres Spielzeugs selbst dazuzuschreiben. Auf Wunsch können Sie die Erwachsenenschreibweise danebensetzen.
- Manche Kinder trauen sich noch nicht zu sagen, dass sie gerne die Erwachsenenschreibweise auf ihrem Bogen hätten. Andere Kinder wiederum fühlen sich durch das Angebot der Erwachsenenschreibweise gestört und lehnen es zunächst ab. Durch die Beobachtung anderer Kinder, die den Vorschlag gerne annehmen, ändert sich die ablehnende Haltung ziemlich schnell von selbst.
- Die Bögen werden eine Weile an einer Klassenwand ausgestellt. Nach einiger Zeit klebt jedes Kind seinen Bogen in sein SCHREIB-TAGEBUCH (große DIN-A4-Hefte mit festerem Einband).
- In dieses Schreib-Tagebuch werden nach und nach auch die übrigen Produkte der Kinder fest eingeklebt, wodurch das individuelle Portfolio jedes Kindes entsteht.

Gegenstände in der Klasse als erstes Lernmaterial

- Die Kinder sitzen mit Ihnen im Kreis. Ein Kind zeigt und benennt einen Gegenstand in der Klasse. Vor den Augen der Kinder **beschriften Sie lautierend** eine Karte mit dem Namen des Gegenstandes, z. B. *Tafel, Pult, Fenster, Papierkorb, Schwamm* … Ein anderes Kind klebt die Karte an den Gegenstand. So geschieht es mit allen wichtigen Gegenständen im Klassenraum.
- **Überraschung:** Jeden Morgen finden die Kinder für einen gewissen Zeitraum einige (alle) Karten vertauscht vor. Will ein Kind eine Karte an den richtigen Gegenstand kleben, erklärt es zuerst (ganz wichtig!), woran es die Vertauschung erkannt hat.

Dieses Vertausch-Spiel macht Kindern nicht nur Spaß. Es führt zu guten Gesprächen über die Buchstaben-Laut-Struktur von Wörtern!

Postbotenaufträge als erstes Lernmaterial

Sehr früh können Sie mit Ihren Kindern auch das „Postbotenspiel" spielen. Kinder lieben es, weil es immer wieder spannend ist. Spielt man es nach der großen Pause, bewirkt es sofort eine Atmosphäre der Konzentration.

- Sie benötigen dazu Briefumschläge (gerne farbig) und dazu passende kleine „Briefkarten". Auf die Briefkarten schreiben Sie auf eine Seite den Namen eines Gegenstandes in der Klasse. Auf der anderen Seite steht das Bild oder eine einfache Zeichnung, eventuell plus Schriftzug. Die Kinder entscheiden – gemäß ihrer Vorerfahrungen –, ob sie im Spiel als Postbote die Bild- oder die Textseite oder die Text-Bild-Kombination nutzen wollen.
- Zur Spieleinführung ziehen Sie, als Handlungsmodell, zunächst selbst einen Umschlag aus der Briefsammlung, lesen das Wort „lautierend" vor, zeigen danach das Bild und kleben die Briefkarte an den entsprechenden Gegenstand.
- Danach sind die Kinder dran. Der „Kinderpostbote" bringt einem anderen Kind einen solchen Brief. Das Empfängerkind öffnet diesen (Spannung!), liest das Wort vor und klebt die Karte an den richtigen Gegenstand. Wichtig: Auch hier gilt die Regel, dass die Kinder stets erklären, woran sie das Wort erkannt haben oder (je nach Entwicklung) auch nur, welche(-n) Buchstaben sie erkannt haben.
- Später können Sie die Karten durch „Briefe" mit besonders lustigen Handlungsaufforderungen ersetzen. Diese werden vom jeweiligen Kind vorgelesen und

ausgeführt. Handlungsaufforderungen wie „Setz dich in den Papierkorb!“ oder „Stell dich auf deinen Stuhl!“ sind dabei die Highlights. Kinder, die eine Aufforderung noch nicht allein lesen können, wählen sich einen Partner / eine Partnerin zur Beratung.

WICHTIG: Zur Erinnerung!
All diese Spiele und Aktionen dienen einem bestimmten Zweck: der frühen spielerischen „Fokussierung auf Laut-Buchstaben-Beziehungen sowie der ersten Sensibilisierung für Rechtschreibmuster“. Deswegen gehört es stets zum Spielablauf, dass das handelnde Kind erklärt, woran es die Lösung im Schriftbild erkannt hat, woran es ein Wort erkannt hat oder welche Buchstaben im Wort es bereits kennt usw.! Das Lernpotenzial liegt in den Erklärungen der Kinder für die anderen Kinder!
Handelt es sich bei diesen Vorschlägen um erste Inszenierungen, damit Kinder spielerisch grundlegende Baustrukturen unserer Schrift entdecken können, so folgen im Laufe des 1. und 2. Schuljahres erste normorientierte Rechtschreibimpulse. In zunehmendem Maße spielen dann auch erste Erfahrungen zum Beispiel im Umgang mit einem klasseneigenen Modell- oder Grundwortschatz eine Rolle. Zunehmend ergeben sich erste Rechtschreibgespräche zu typischen Schreibweisen oder es werden von den Kindern erste Regeln oder Schreibstrategien entdeckt, die das Schreiben erleichtern.
Eine gute Grundlage bieten dabei Wörter oder Sätze aus den freien Texten der Kinder.

Tipps zu frühen Lernangeboten
Spiele nach draußen auf den Pausenhof oder die Turnhalle, den Schulflur verlagern. Schilder an wichtige Türen kleben – Hausmeister, Schulleiter, Sekretariat/ Sekretärin.

9 Kinder erwerben die Rechtschreibung in typischen Strategieschritten

Eine beruhigende Erkenntnis ist, dass der kindliche Rechtschreiberwerb weder willkürlich noch undurchschaubar oder gar chaotisch abläuft. Wie von der Sprachforschung belegt, geschieht der Erwerb der Rechtschreibung über eine charakteristische Dynamik:

Kinder eignen sich die Rechtschreibung grundsätzlich über eine Stufenfolge (auch als Niveau- oder Phasenfolge beschrieben) an.

> *Zweckmäßigerweise gibt es für jede Phase sogenannte* ***Entwicklungsmarker.***

Jede dieser Phasen oder Stufen ist durch spezifische Schreibstrategien gekennzeichnet (Scheerer-Neumann 1998, Spitta 1988/1991, 2011 Valtin 2015), sodass sich die Rechtschreibentwicklung von Kindern ziemlich gut beobachten lässt.

Wollen Sie die aktuelle Rechtschreibentwicklung von Kindern genauer einschätzen, hat es sich bewährt, kindliche Verschriftungen mit den für die Strategiephasen charakteristischen Entwicklungsmarkern zu vergleichen. Die für die einzelnen Phasen typischen Anzeichen oder Marker finden Sie auf Schreibentwicklungstabellen dargestellt.

Wenn Sie anfangen, mit Übersichtstabellen zur Schreibentwicklung zu arbeiten, ist es sinnvoll, wenn Sie die Kurzform einer solchen Tabelle zum Beispiel auf dem Pult zur schnellen Übersicht liegen haben. Später kennen Sie die typischen Entwicklungsanzeichen (Marker) sowieso auswendig.

! Bitte richten Sie dafür in jedem Fall Ihren „Diagnose-Blick" auf frei geschriebene Wörter oder kleine Texte!
Denn: Aussagekräftig für eine Strategiediagnose sind nur frei geschriebene Wörter und kleine freie Texte. Nur sie zeigen den aktuellen Entwicklungsstand. Der Blick auf zuvor geübte Wörter offenbart lediglich,

wie gut Kinder ein geübtes Wort im Gedächtnis auswendig gespeichert haben!

Haben Sie sich erst einmal mit den Charakteristika einer solchen Phasen- oder Strategieabfolge vertraut gemacht, erkennen Sie häufig schon beim ersten Blick auf die spezielle Schreibweise eines Kindes, mit welchen inneren Rechtschreibstrukturen es gerade beschäftigt ist. Beiläufig können Sie so beobachten, wie die Entwicklung der einzelnen Kinder voranschreitet und welche Lernangebote nützlich sein könnten. Dabei kann es sinnvoll sein, solche Beobachtungen (knapp, stichwortartig) zu notieren.

Arbeiten Sie bzw. die Kinder jedoch möglicherweise mit einem Schreibtagebuch (Portfolio), sparen Sie diese Zeit! Eine entsprechende Dokumentation entsteht hierbei von ganz allein.

Bemerken Sie bei einem Kind länger anhaltende Entwicklungsverzögerungen, ist es sinnvoll, eine genauere Strategieanalyse, eventuell zusammen mit einem Kollegen / einer Kollegin, durchzuführen. So können Sie gemeinsam Fördermöglichkeiten besprechen. Ein Beispiel für solche gelegentlichen Feinanalysen finden sie in der Beschreibung der Rechtschreibentwicklung von Martin und Stefan in Kapitel 12 – 14.

10 Was ist bei Strategiemodellen zu beachten?

Sie kennen das: Kinder entwickeln sich unterschiedlich! Will man sich an allgemeinen Schreibentwicklungsmodellen orientieren, ist es gut, vorab individuelle Besonderheiten oder Ausprägungen im Lernverhalten einzelner Kinder im Blick zu behalten. Forschungsbasierte Strategiemodelle bieten dafür einen hilfreichen diagnostischen Orientierungsrahmen. Für eine produktive Arbeit mit diesen Modellen ist es sinnvoll, sich bei Anwendung folgender sechs Aspekte bewusst zu sein:

- Phasen- bzw. Strategiemodelle verallgemeinern! So wie Kinder uns als unterschiedliche Persönlichkeiten mit ihren Familiengeschichten begegnen, so zeigen sich auch individuelle Ausprägungen in Tempo und Qualität der Entwicklungsschritte.
- Daher entsprechen den Niveauebenen keine starren Alterszuordnungen! Strategiemodelle bieten Anhaltspunkte im Sinne von größeren Zeitfenstern zur Einschätzung der Fortschritte im individuellen Lernprozess, keine festgelegten Altersniveauebenen.
- Die zeitlichen Unterschiede, zu denen Kinder einer Klasse (Lerngruppe) gemäß ihrer sprachlichen Biografie typische Rechtschreibstrategien entdecken, können enorm groß sein. Während einige Kinder auf dem für sie gerade passenden Niveau in den ersten Schulmonaten noch mit rudimentären Schreibweisen experimentieren, bewegen sich andere Kinder bereits auf orthografisch anspruchsvollen Ebenen.
- Übergänge von einer Strategiephase zu nächsten geschehen nicht abrupt, sondern als tastende Annäherung an eine neue Strategie. Daher sind bei dieser Übergangsdynamik typischerweise gleichzeitig Vor- und Rückschritte zu beobachten. Wörter in den Kindertexten weisen dann eine Mischung von Strategiemarkern auf.
- Ein Kind kann sich tatsächlich gleichzeitig auf drei Schreibniveaus bewegen. Meistens entspricht dann das mittlere Schreibniveau der dominanten Schreibstrategie. Bei besonders schwierigen Wörtern greifen Kinder nämlich gerne auf einfachere Schreibstrategien zurück. Bei leichten Wörtern experimentieren sie mit Schreibstrategien auf dem nächsthöheren Niveau.

- Und ganz typisch: Rechtschreiblernprozesse verlaufen, wie alle Lernprozesse, nicht geradlinig! Jedes Kind folgt dabei seiner eigenen Lerndynamik: mal in Sprüngen, mal mit Lernpausen auf Plateaus, mal mit langsamem oder schnellerem Fortschreiten, mal auch mit kurzzeitigen Rückschritten. Kontinuierliches Fortschreiten von Niveau zu Niveau entspricht nicht der Dynamik von Lernprozessen.

Mit anderen Worten: Kinder nutzen in verschiedenen Entwicklungsphasen jeweils typische Rechtschreibstrategien. Und manchmal sogar mehrere Strategien gleichzeitig. Das liegt daran, wie unser Gehirn typischerweise arbeitet. Die empirische Gehirnforschung zeigt, dass das Gehirn genetisch bedingt ständig daran arbeitet, neu auftauchende sprachliche Informationen sofort konstruktiv in bereits mental gespeicherte Sprach-/Schreibsysteme zu integrieren oder aber bei Bedarf neue Systeme zu konstruieren (siehe Kapitel 3).

Auf diese Weise erprobt das Kind bei seinen frühen Schreibaktivitäten intuitiv bereits die Gültigkeit bzw. die Reichweite seiner bisher gespeicherten Schreibmuster. Dabei ist zu beachten, dass Kinder ihre Schreibstrategie selbstverständlich nicht von Tag zu Tag verändern, sondern über einen längeren Zeitraum hin erproben. Beispiele aus der Schulpraxis dazu im folgenden Kapitel.

11 Typische Phasen der Entwicklung von Rechtschreibstrategien

Die meisten Strategiemodelle zur Rechtschreibentwicklung beschreiben fünf typische Strategiephasen auf dem Weg zur Rechtschreibfähigkeit. Da Schreibentwicklungsprozesse bereits lange vor der Einschulung beginnen, berücksichtigt das hier vorgestellte Modell auch typische vorschulische Entwicklungsschritte, arbeitet daher mit sechs Phasen. Jede neue Strategiephase zeigt, dass das Kind eine weitere orthografische Erkenntnis in sein inneres Regelsystem integriert hat

Phase 1: vorkommunikative Aktivitäten / vorschulische Aktivitäten (von ca. 2 – 3 Jahren an)
Zwei- bzw. Dreijährige experimentieren begeistert mit dem zunächst zufälligen, später dann immer absichtlicheren Fabrizieren von (dauerhaften) Spuren auf allen zu entdeckenden Materialien wie Papier, Tapeten, Möbeln. Diese Aktivitäten bereiten sichtliches Vergnügen, beinhalten jedoch noch keine bewusste Botschaft. Ihre Qualität bezeichnet man als vorkommunikativ. Alle späteren Phasen tragen dagegen kommunikativen Charakter.

Phase 2: vorphonetische Strategie, erstmals kommunikatives Ziel (mit 3 – 5 Jahren)
Kinder dieses Alters entdecken eine neue Seite des Umgangs mit Stiften und Papier: nämlich die kommunikative Funktion des Schreibens – eine wichtige Erkenntnis! Aus Kritzelbildern werden jetzt Mitteilungen. In Kitas oder zu Hause „lesen" die Kinder die Botschaften ihrer „Kritzelbriefe" den Erwachsenen gerne selbst vor, zum Beispiel: „Ich hab dich lieb." Teilweise ahmen sie dabei die Schreibschrift der Erwachsenen nach. Erwachsene selbst können solche Mitteilungen meistens nicht lesen. Während dieser Phase tauchen erste Buchstabenformen oder -vorformen als GROßBUCHSTABEN auf. Das Schreiben des eigenen Namens wird im Sinne eines ersten, emotional hoch besetzten Modellwortes besonders wichtig. Auch beginnen Kinder jetzt damit, selbst gemalte Bilder mit dem eigenen Namen zu „unterschreiben". Buchstaben bzw. Buchstabenvorformen werden noch ohne Bezug zur Buchstaben-Laut–Zuordnung (Phonem-Graphem-Zuordnung) benutzt – daher eine kommunikative, aber noch vorphonetische Strategie.

Phase 3: halbphonetische Strategie zu Hause und in der Schule (4 – 7 Jahre)

Das Besondere dieser Phase zeigt sich in den ersten Ansätzen lautgetreuen Schreibens. Die neue „Schreibstrategie“ zeigt ein tieferes Verständnis davon, welche Funktion Buchstaben zukommt: Buchstaben werden nicht mehr willkürlich gesetzt, sondern bewusst so ausgewählt, dass sie dem Klang eines Wortes – lautierend ausgesprochen – nahekommen. Dabei werden in dieser Phase besonders die für das Kind mit den Lippen gut spürbaren Laute und Lautgruppen abgebildet. Das sind zunächst *primär die Konsonanten.* Ein „mmm“ oder ein „ppp“ ist an den Lippen deutlicher spürbar als ein „e“ oder „a“, das ohne Lippenkontakt gebildet wird. Wegen der Bevorzugung der Konsonanten wird diese Schreibstrategie gerne auch als KONSONANTENSCHRIFT bezeichnet. Die meisten Wörter in Konsonantenschrift können Erwachsene „lesen“, da viele unserer Abkürzungen dieser Schreibweise entsprechen: *LKW, BHF, PKW, BGB*. Kindliche Konsonantenwörter sind etwa:

BNN	*Banane*	
RP	*Raupe*	
WG	*Wiege*	
SRE	*Schere*	
GBL	*Gabel*	
KML	erraten?	Natürlich: *Kamel*

Im Original sieht eine konsonantische Schreibweise zu einem wichtigen „Jungenwort“ zum Beispiel so aus, wie rechts abgebildet.

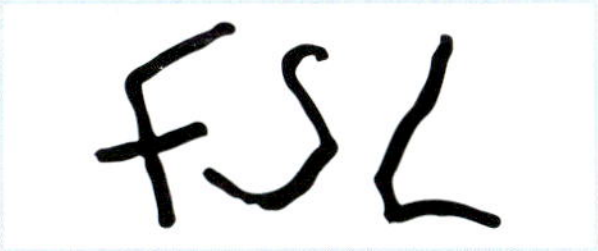

Fußball in „Konsonantenschrift“: Alter 6 Jahre, 9 Monate

Im Laufe dieser halbphonetischen Phase häufen sich bei einigen Kindern die Einsichten in Strukturen unserer Rechtschreibung. Während andere Kinder gerade in Ruhe ein konsonantisches Lernplateau absolvieren, entdecken andere bereits erste Vokale. Wiederum andere Kinder erproben erste Kleinbuchstaben.

So experimentiert Semin (Klasse 1) sehr früh mit unterschiedlichen Schreibweisen zu den Bildvorgaben „Regen“ bzw. „Besen“:

Im Dezember (Klasse 1) sowohl konsonantisch: *RGT* (*regnet*),
als auch bereits mit Vokal: *BSen* (*Besen*).
Dabei benutzt er erste Kleinbuchstaben für das zweite „e“.
Im Mai (Klasse 1) schreibt er zu Bildvorgaben: *Regen* und *Besen*.

In der Dokumentation von Semins Diagnosewörtern wird die besondere Entwicklungsdynamik darin sichtbar, wie er innerhalb von 3 – 4 Monaten mit verschiedenen „Strategie-Levels“ jongliert. Viele Kinder entwickeln während dieser Phase zusätzlich ein erstes Wortkonzept und beginnen, diese Erkenntnis durch die Lücke zwischen den Wörtern (manchmal auch durch Punkte nach jedem Wort) sichtbar zu machen. Auch die Links-rechts-Orientierung unserer Schrift wird zunehmend beachtet.

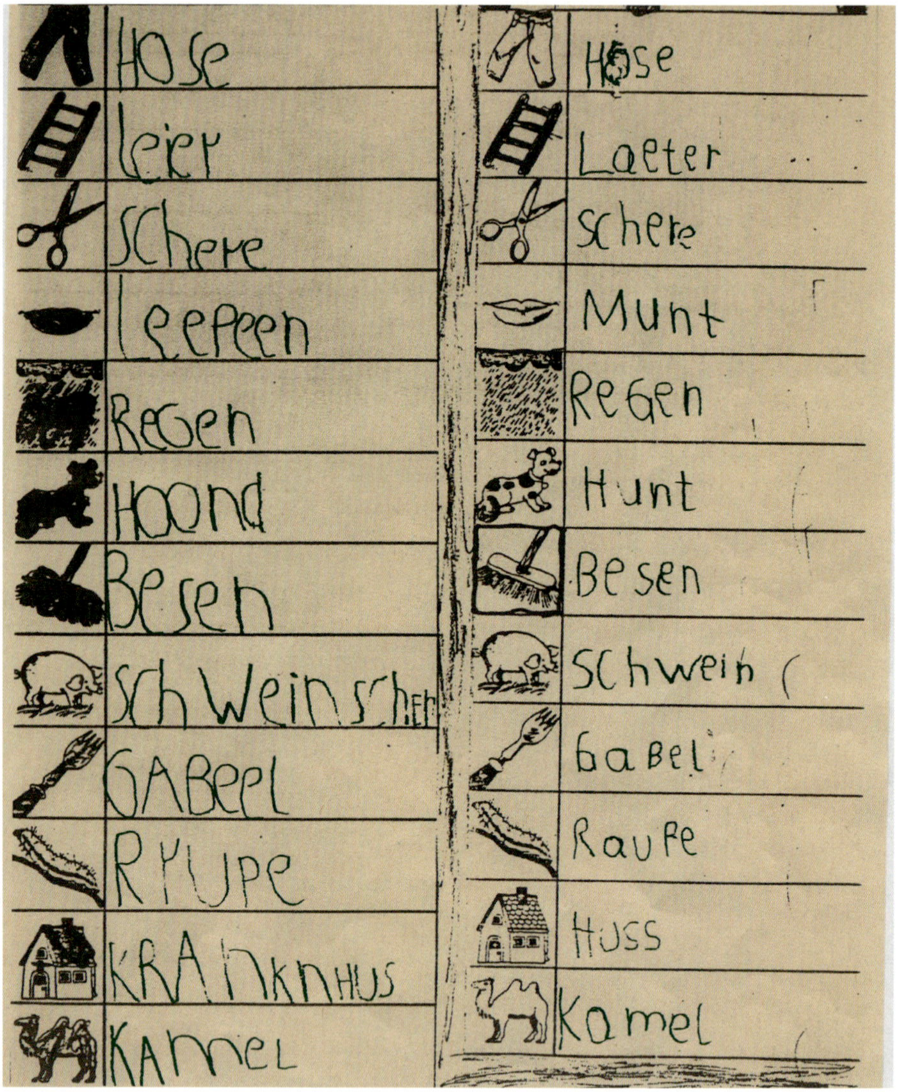

Verschriftung von nicht vorher geübten Wörtern in einem Diagnosebogen aus dem Dezember und Mai der 1. Klasse

Für die Diagnose der Verschriftungen wurden in dieser Klasse nur Wörter benutzt, die im Unterricht bewusst *nicht* geübt worden waren. Die Bilder dafür entstammen daher einer Sammlung von vorab nicht zu übenden „Diagnosebildern", mit deren Verwendung der Stand der inneren Regelbildung sichtbar gemacht werden kann. Abgebildet sehen Sie einen Diagnosebogen von Semin, in dem er dieselben Wörter jeweils im Dezember und Mai des 1. Schuljahres verschriftet. Es handelt sich bei dem Bogen um eine sehr frühe Version der Diagnoseliste von Dummer-Smoch. Hinweise zu aktuellen diagnostischen Bilderlisten für den Anfangsunterricht im Rechtschreiben (mit Anleitungen zur Auswertung) finden Sie im Internet.

Neben den Diagnosebögen von Lisa Dummer-Smoch ist zum Beispiel auch die Potsdamer Bilderliste (PBL) von Scheerer-Neumann/Schnitzler erhältlich.

Phase 4: streng phonetisch-orientierte Strategie (Klassen 1/2; von 5–7 Jahren)

Wörter, die Kinder während dieser Phase schreiben, lassen erkennen, dass sie ihre Schreibstrategie weiter in Richtung Normorthografie verfeinert haben. Im Gegensatz zur Konsonantenschrift arbeiten sie jetzt daran, die Lautfolge eines Wortes absolut lautgetreu und vollständig wiederzugeben. An den wiederholten und konzentrierten Bewegungen der Lippen können Sie ablesen, wie die Kinder sich mühen, die gesamte Lautqualität eines Wortes zu erfassen, um diese als Buchstabenfolge wiederzugeben. Einmal „erkannt", wenden die Kinder ihre neue innere Schreibregel konsequent an.

Typische Wortkonstruktionen in der streng phonetischen Phase sind

EIMA, REITEA, GESDAN, DSURÜK, BAEI, GABL, RUFN.

Ebenfalls im *Dezember/Klasse 1* schreibt Semin

zum Bild *Leiter:*	lata,
zum Bild *Lippen* bereits grob phonetisch:	lpen,
zum Bild *Schwein* noch ganz unvollständig:	Sch,

Im *Mai/Klasse 1* aber konstruiert er konsequent vor sich hin lautierend:

Laeiter, Liepen, Schwaein.

Man könnte meinen, es handle sich im Mai durch die einfügten Buchstaben um eine Rückentwicklung seiner Schreibstrategie. Die „Verschriftungen" im

Mai zeigen jedoch nur deutlich, wie extrem genau – die Lautung dehnend – Semin jetzt beim Konstruieren der Schreibweise vorgeht, um das Wahrgenommene exakt abzubilden. Sprechen Sie einmal „Leiter“ langsam genau vor sich hin. Sie werden am Anfang ein „a“ hören, welches wir aber nicht abbilden (da *ai* und *ei* im Deutschen gleich ausgesprochen werden).

Susanne, sprachlich eher gut gefördert, experimentiert sehr früh mit der streng phonetisch orientierten Konstruktion von Wörtern:

Im *Dezember (Klasse 1)* schreibt sie: LAeitA, Reigän, KaMeil
Im *Mai (Klasse 1)* schreibt sie korrekt: Leiter, Regen, Kamel

Phase 5: phonetische (lautgetreue) Strategie, Integration typischer Rechtschreibmuster (Klassen 1 – 3)

Die rechtschriftlichen Entwicklungsbesonderheiten dieser Phase sind bei einigen Kindern bereits in Klasse 1, bei den meisten allerdings erst nach und nach in Klasse 2 und 3 zu beobachten. Während dieser Phase verändern sich die Rechtschreibstrategien rasant! Es werden bisher gespeicherte Rechtschreibstrukturen gleichzeitig in Bezug auf diverse rechtschriftliche Aspekte neu strukturiert. Damit verfeinern die Kinder ihre bisherige Schreibstrategie deutlich in Richtung Normorthografie. Schreibungen in freien Texten wirken auf den ersten Blick oft so, als seien sie ziemlich „richtig“. Das bedeutet natürlich nicht, dass die Kinder schon völlig fehlerfrei schreiben, sie entwickeln aber ein starkes Gespür dafür, dass für die Schreibung von Wörtern weitere Strategien notwendig sind: Nicht mehr nur die Lautung allein bestimmt eine Schreibweise, sondern jetzt werden zusätzlich erste typische Rechtschreibmuster (Regeln) in die Schreibweisen integriert.

Das *Silbenkonzept* wird in die eigene Strategie integriert: Silben eines Wortes erhalten jetzt zunehmend einen *Vokal.*

LOGIW wird zu Lokomotife(w),
SOKLAD zu Schokolate(d),
BANAE zu Banane.

Das in der Umgangssprache nicht hörbare auslautende -e- in der Endsilbe, der sogenannte Schwa-Laut, wird zunehmend eingefügt. Es wird:

RUFN zu rufen,
LIBR zu lieber (liber),
SCHERH zu Schere,
GABL zu Gabel.

Auch die Abbildung hörbarer, aber für die Schreibung irrelevanter Laute nimmt ab, so wird

BAEI zu bei, MIAR zu mir, WARE zu war.

Während dieser Phase experimentieren viele Kinder zusätzlich mit dem, was wir Dehnung und Dopplung nennen. Als Erstes tritt meistens die Verdopplung von Konsonanten auf. Aber auch Vokale werden probeweise verdoppelt.

Zeitweilige Experimente mit Dehnung und Dopplung:

HOSE wird vorübergehend zur HOSSE,
HEFT bekommt das Doppel-F HEFFT,
die GABEl wird zur GABEEL,
und der ARM wird zum AARM,
aus Ich WAR zu Hause kann zu WAHR zu Hause werden.

Interessant sind auch die „kreativen Variationen", mit denen Kinder in dieser Phase Langvokale verschriften können, durchaus auch innerhalb eines einzigen Textes:

FIR, VIR, VIHR, FIA, FIER, VIER.

Darüber hinaus bemerken Sie in den Verschriftungen der Kinder während dieser Phase (bei manchen Kindern auch früher) etwas Sonderbares. Plötzlich tauchen neue seltsame Verschriftungen auf:

Bei Jan wurde aus dem streng phonetischen
VATA jetzt VATER,
bei Jule aus dem bislang korrekten
SOFA jetzt SOFER,

aus dem wunderbaren, geliebten
OPA ein OPER!
Und MICHAELA schreibt sich jetzt MICHAELER!

Sogenannte Übergeneralisierungen *sind ausgesprochen positive Zeichen!* Sie verdeutlichen genau das, was die *Gehirnforschung* über die Arbeitsweise des Gehirns entdeckt hat:

Übergeneralisierungen sind ein Zeichen dafür, dass das kindliche Gehirn sich eigenständig sprachanalytisch mit den Regeln der Orthografie auseinandergesetzt hat, und deuten darauf hin, dass mental neue innere Regeln konstruiert wurden und diese jetzt explorativ – auf alle infrage kommenden Wörter – angewendet werden. So wird die Reichweite einer neuen Regel intuitiv getestet: Wo passt sie und wo eventuell nicht?

Solche Übergeneralisierungen entstehen ganz natürlich als Folge von impliziten oder expliziten Anregungen im Unterricht bzw. von Impulsen außerhalb der Schule. Im alltäglichen Unterricht gelangen ständig Informationen über Rechtschreibmuster und -regeln bewusst oder unbewusst in den Aufmerksamkeitshorizont von Kindern – sei es beim freien Schreiben und Vergleichen der Schreibweisen, sei es durch Anregungen aus der Arbeit mit einem Modellwortschatz, sei es durch den Sachunterricht.

Didaktisch gesehen stellen hier sogenannte Rechtschreibgespräche (Rechtschreibkonferenzen) eine ideale Reaktion dar. Bei von der Lehrkraft explizit angeregten oder durch die Kinder selbst bei Fragen ausgelösten Rechtschreibgesprächen tauschen Kinder sich ganz selbstverständlich über ihre Erfahrungen mit der Rechtschreibung aus. Sie formulieren ihre persönlichen Beobachtungen oder Erkenntnisse darüber, „wie Rechtschreibung geht“, als ihre eigenen Regeln. Und an ihre eigenen Regeln halten sich die Kinder beim Schreiben!

Am Ende eines solchen Rechtschreibgesprächs formulierten Kinder zum Beispiel das Fazit für ihre aktuelle Entdeckung so:

„Man hört bei Vater am Ende ein a, aber man schreibt er!“

Wenn einige Kinder aus dieser Erkenntnis gleich eine persönliche neue mentale Regel konstruieren, die sie dann in ihr inneres Rechtschreibsystem integrieren, zeigt das erneut, wie das Gehirn arbeitet: Mit innerer Regelbildung! In einer Art Analogieschluss (Transfer) übertragen sie die neue Erkenntnis auf alle Wörter mit hörbar auslautendem a, nach dem Motto: „Immer wenn ich am Ende eines Wortes ein a höre, schreibe ich jetzt er!“ Sie bilden eigenständig eine sehr weitreichende Regel, eine Übergeneralisierung. Natürlich hatte die Lehrkraft dies nicht so gesagt.

Und was macht man als Lehrkraft dann? Zur Kennzeichnung der *begrenzten Reichweite einer zu konsequent angewandten Regel* reicht Kindern oft schon ein kurzer Hinweis wie: „Bei OPA, OMA, SOFA und MICHAELA gilt das nicht!“ Später können dann bei passender Gelegenheit – zum Beispiel, wenn das Wort Roller in den Wörtern der Woche ohnehin auftaucht – sogenannte „er-Wörter“ gesammelt werden: Roller, Fahrer, Hammer, Zimmer, Fieber, Füller … Insgesamt werden Sie in dieser Phase bemerken, dass der mit den Kindern gemeinsam verabredete und geübte Grundwortschatz zunehmend sicherer, also korrekter angewandt wird. Die Schreibung neuer Wörter wird im Analogieschluss positiv beeinflusst.

Phase 6: Übergang zur entwickelten Rechtschreibung (Klassen 2 – 4 und danach)

Erstaunlicherweise erreichen einige Kinder dieses hohe Niveau einer entwickelten Rechtschreibung tatsächlich bereits Anfang/Ende der 3. Klasse, wenn sie zum Beispiel zu Hause sprachlich sehr gefördert wurden. Die Schule braucht hier nur noch etwas „anzutippen“, um Lernprozesse in Gang zu setzen. Damit alle Kinder sich diesem Niveau annähern können, ist es Aufgabe der Schule – den unterschiedlichen frühkindlichen Lernbiografien

Die Lieblingsphase aller Eltern und Lehrer / Lehrerinnen!

entsprechend – hierfür deutlich mehr Anregungen, mehr Unterstützung und mehr Zeit für sprachliche Lernprozesse bereitzustellen. Insgesamt gesehen bewegen sich die meisten Kinder im Laufe des 3. und 4. Schuljahrs aber in Richtung dieser Strategie.

Folgende Fähigkeiten und Kenntnisse charakterisieren diese Phase:

Die Kinder kennen und benutzen:

- die Phonem-Graphem-Zuordnung mit ihren Besonderheiten,
- die Großschreibung von Nomen,
- die syntaktischen Gliederungszeichen Punkt, Komma, Ausrufungs-, Fragezeichen,
- wichtige Wortbausteine (Morpheme), das Wortfamilienprinzip,
- die Bedeutung und Schreibung von Vor- und Nachsilben,
- den Umgang mit Dehnungs- und Dopplungszeichen.

Die Kinder kennen und benutzen verschiedene Lösungshilfen:

- Bei Unsicherheiten wird nicht mehr primär auf die auditive Lösungshilfe (Vorsprechen, Pilotsprache) zurückgegriffen.
- Schreibweisen können neben der Anwendung von Regeln (orthografische, grammatische) sowie Eselsbrücken jetzt auch durch Analogiebildungen sowie durch visuelle Korrekturhilfen abgeleitet werden.
- Das Nachschlagen im Wörterbuch (analog, digital) wird bei Unsicherheiten eingesetzt.
- Ein gesicherter Grundwortschatz erleichtert das Schreiben unbekannter Wörter durch Transferleistungen oder durch Analogiebildungen.

Einerseits entspricht die Übersicht über die in Phase 6 erreichten Fähigkeiten und Kenntnisse den allgemeinen Kompetenzbeschreibungen für diese Altersgruppe. Manche Lehrkräfte haken in den Kompetenzbeschreibungen im Übrigen für sich regelmäßig ab, welche geforderten thematischen Gebiete wann bearbeitet wurden.

Andererseits kann eine tabellarische Kurzform der 6 typischen Erwerbsphasen mit den jeweils spezifischen Schreibstrategien sehr nützlich sein, wenn Sie sich zum ersten Mal an einer solchen Entwicklungsfolge orientieren. Mit einem Blick können Sie dann die „Schreibversion" eines Kindes leichter einschätzen.

Manche Lehrerinnen fanden es für den Anfang praktisch, sich eine solche Tabelle auf das Pult zu kleben.

Die untenstehende Tabelle finden Sie auch im Download-Material!

Typische Entwicklungsschritte bei der Entwicklung von Rechtschreibstrategien im Grundschulalter

Phase 1: vorkommunikative Aktivitäten:
- grundlegende erste Erfahrungen mit Spuren auf Tapeten, Papier

Phase 2: vorphonetische Strategie
- „Kritzeln" ohne Lautbezug, dafür aber von nun an
- **kommunikativ** ausgerichtet

Phase 3: halbphonetische Strategie
- erster Laut – Buchstabenbezug, vorwiegend Großbuchstaben:
- **Konsonantenschrift:** *KML = Kamel*

Phase 4: streng phonetische Strategie
- lautgetreues Schreiben: die eigene Artikulation stellt die
- Grundlage für Verschriftungen dar: *Laita, miar, baei*

Phase 5: Integration grundlegender Rechtschreibmuster und Regeln in die bisher vorwiegend lautgetreue Strategie
- zeitweilige **Übergeneralisierung**, Impulse durch Arbeiten
- mit dem Grundwortschatz, Transfer durch Analogiebildung;
- Dehnung / Dopplung, Zeichensetzung

Phase 6: Übergang zur entwickelten Rechtschreibung
- Kenntnis und Anwendung basaler orthografischer und
- syntaktischer Regeln, Berücksichtigung der Morphemstruktur als
- Wortbausteine, größerer gefestigter Grundwortschatz, Anwendung
- von Lösungshilfen wie Regeln, Eselsbrücken, Analogiebildungen

12 Praxis: Stephan und Martin erforschen die Orthografie (November, Klasse 1)

Die eigenständige Rechtschreibentwicklung von Kindern im 1. und 2. Schuljahr zu verfolgen, kann ganz schön spannend sein und erfordert manchmal gute Nerven und Gelassenheit. Dies vor allem dann, wenn – wie im Leben eben typisch – einiges anders läuft als erwartet.

Stephan und *Martin*, die beiden Kinder, deren Rechtschreibentwicklung hier über zwei Jahre hin dargestellt wird, besuchten in Berlin die 1., anschließend die 2. Klasse, in der mit freiem Schreiben gearbeitet wurde. Von Schulbeginn an wurde täglich aus Kinderbüchern vorgelesen, und es wurden gemeinsam Projekte in und außerhalb der Schule durchgeführt. Aus diesen Unterrichtsvorhaben entstanden bereits in den ersten Schulwochen sogenannte „Klassenlesebücher“ mit den selbstständig „verschrifteten“ Texten der Kinder. Die Kinder konnten hierbei das, was ihnen wichtig war, so schreiben, wie sie es zu diesem Zeitpunkt eben vermochten (Kinderschreibweise). Dafür standen stets verschiedene Hilfsmittel zur Verfügung wie zum Beispiel Anlauttabelle, Bild- und Wortkarten, Fragen stellen. Meistens jedoch schrieben die Kinder voller Konzentration „frei weg“ auf die Botschaft ihres Satzes/Textes hin. Einige Kinder benutzen gelegentlich die Anlauttabelle. Es gab auch eine Fibel in dieser Klasse. Gelegentlich, bei interessanten Seiten wurde die Fibel benutzt. Ansonsten spielte die Arbeit mit der Fibel in der Klasse eine untergeordnete Rolle. Die einzelnen Buchstaben-Laut-Beziehungen wurden stattdessen bewusst nach und nach – so wie es sich aus den Unterrichtsvorhaben ergab – gesichert.

In die freien Texte in den „Klassenbüchern“ korrigierte die Lehrkraft bewusst nicht hinein, sondern sie arbeitete nach dem Prinzip der

Gegenüberstellung von Kinderschreibweise – Erwachsenenschrift.

Dafür wurden die Kindertexte auf spezielle Weise zu einem Buch zusammengefasst: Auf den linken Seiten stand jeweils die kindliche Verschriftung (plus Bild), auf der rechten Seite, genau daneben, war jeweils „wortgenau passend“ die Schreibweise der Erwachsenen von der Lehrerin eingefügt.

Diese Klassenlesebücher waren nicht nur ein äußerst beliebtes Lesematerial, sondern sie fungierten gleichzeitig als individuell ausgerichteter orthografischer Impulsgeber! Durch die direkte Gegenüberstellung der

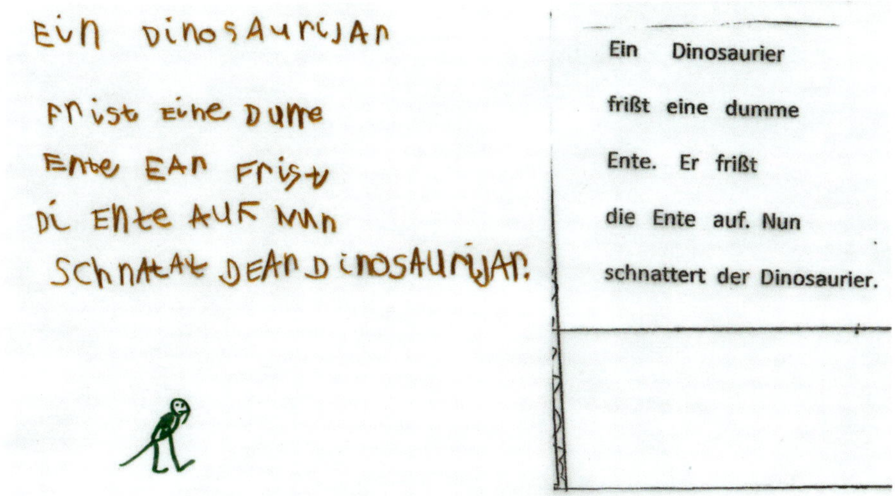

„Klassenbuch“: Gegenüberstellung von Kinder- und Erwachsenenschreibweise

Schreibweisen hatte das jeweilige „Autorenkind“ stets die Möglichkeit, seine Verschriftung mit der Schreibweise der Erwachsenen zu vergleichen und daraus Schlüsse für eigene zukünftige Verschriftungen zu ziehen.

Dieses Vergleichen wurde beim individuellen Lesen in diesen Klassenbüchern – sowohl des eigenen Textes als auch der Texte von anderen Kindern – von den Kindern intensiv praktiziert. Teilweise äußerten die lesenden Kinder Kommentare zu den beiden Schreibweisen. Die meisten Kinder der Klasse entdeckten sehr schnell, dass es viel einfacher war, die Texte auf der rechten Seite des Buches in der Erwachsenenschrift zu lesen, und konzentrierten sich gleich auf diese Seite.

Die ersten Texte von Stephan und Martin stammen aus einem Fotobuch, das innerhalb der ersten Schulwochen erstellt wurde. Die Kinder wurden von der Lehrerin bei alltäglichen Aktivitäten fotografiert, erhielten die Fotos und schrieben dazu ihre Texte für das erste Klassenlesebuch.

Stephan

Im November der 1. Klasse schrieb *Stephan* folgenden Text zu seinem Foto, auf das er sehr stolz war.

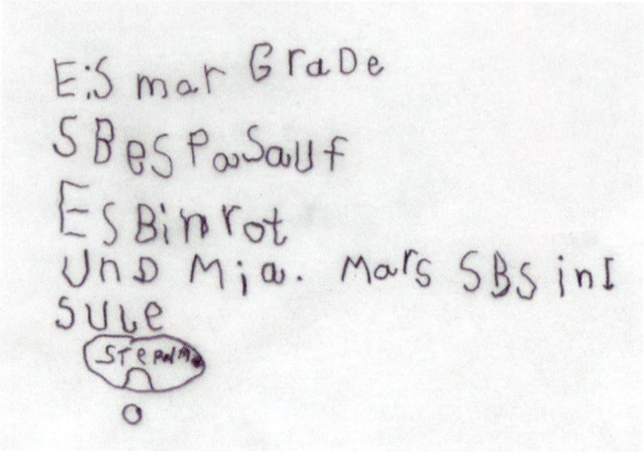

Stephan, November der 1. Klasse
(aus rechtlichen Gründen musste das Originalfoto aus Spitta 1988 ersetzt werden)

Damit Sie selber versuchen können, seinen Text zu lesen, wurde die Erwachsenenschreibweise, die die Lehrerin – in genau der Anordnung von Stephan – auf der gegenüberliegenden Buchseite eingefügt hatte, entfernt. Wenn Sie sich den Text einmal laut vorlesen, fällt es Ihnen bestimmt nicht schwer, Stephans ersten Text zu „entziffern". Wenn Sie dabei noch im Text einige *r*s durch das harte *ch* ersetzen, also *mar* entsprechend zu *mach* und *Mars* zu *macht's* verändern sowie Wortabstände dazu denken, also statt *SBeSPaSauf* jetzt *Spitz pass auf* lesen, wissen Sie gleich, welches Konzentrationsspiel Stephan in der Schule gerade großen *SBS* (*Spaß*) macht. Die „Übersetzung" lautet dann:

> *Ich mache gerade Spitz pass auf.*
> *Ich bin rot.*
> *Und mir macht's Spaß in der Schule.*
> *Stephan*

Bedenkt man, dass Stephan diesen ersten eigenen Text im November des 1. Schuljahres geschrieben hat, erstaunt es, wie pfiffig er bei seinen „Verschriftungen" vorgegangen ist.

- Das Wort *ICH* verschriftet er getreu der Berliner Umgangssprache als *ES*. Und tatsächlich hört man im Berliner Alltag ein *e*, nicht ein *i*. Das *S* steht beim ihm für das *SCH*, so wie viele Kinder – eben auch Stephan – das Wort *Schule* zunächst als *Sule* schreiben.
- Anstelle des harten *CH* verwendet Stephan, wie viele Kinder, ein *R*. Der Laut *r* wird fast an derselben Stelle im Gaumen gebildet wird wie das *ch*, ist aber Kindern als Buchstabenzeichen vertrauter.
- Die Schreibweise *MIA* stellt eine perfekte Umsetzung der umgangssprachlichen Version von *MIR* dar, bei der das auslautende *r* nur noch gehaucht artikuliert wird, was fast wie ein *a* klingt.

Insgesamt gesehen wird deutlich, dass Stephan grundlegende Prinzipien, nach denen unser Schriftsystem funktioniert, bereits im November erkannt hat und auf seine eigene innere Theorie beim Schreiben anwendet. Strategiemäßig kann man Folgendes feststellen:
- Stephan verschriftet fast durchgängig im Sinne der *streng phonetischen Strategie* konsequent an der eigenen Lautung der Umgangssprache orientiert (Phase 4).
- Für jeden wahrgenommenen Laut versucht Stephan, ein passendes Buchstabenzeichen zu setzen.
- Die Abstände zwischen den einzelnen Wörtern markiert er deutlich. *Spitz pass auf* gilt ihm, der Artikulation entsprechend, als ein Wort.
- Lediglich bei besonders schwierigen Wörtern greift er auf die (zeitlich) davorliegende Strategie der *Konsonantenschreibweise* zurück: *SBS* – *SPAß* (Phase 3).
- Stephan verwendet sowohl Groß- und Kleinbuchstaben, wobei jede neue Reihe mit einem Großbuchstaben beginnt, was eine aktuell dominierende innere Schreibtheorie darstellen könnte.

Stephans Text zeigt deutlich, dass frühe Verschriftungen nicht gleich als „fehlerhaft“ gewertet werden müssen, sondern als diagnostisch relevante Information gesehen werden können: Sie lassen den aktuellen Stand der inneren Regelbildung erkennen. Natürlich war Stephan außerordentlich stolz auf seinen ersten Text und seine Klassenlehrerin höchst erfreut.

Martin

Auch *Martin* war außerordentlich stolz auf seinen ersten Text. Ebenfalls im November des 1. Schuljahres verfasste er zu seinem Foto folgenden Satz. Damit Sie selber versuchen können, Martins ersten Text zu lesen, wurde auch hier die „Erwachsenenschreibweise“ entfernt.

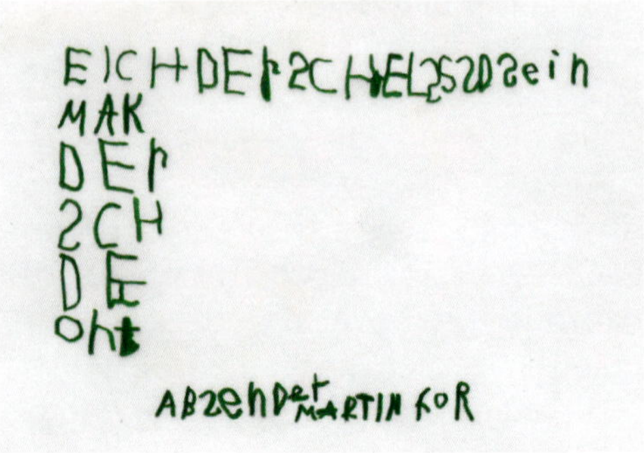

Martin, November der 1. Klasse
(aus rechtlichen Gründen musste das Originalfoto aus Spitta 1988 ersetzt werden)

Ja, Martins Text wirkt ungewöhnlich, wenn nicht gar befremdlich! Kann man ihn überhaupt lesen? Die Klassenlehrerin jedenfalls konnte das nicht – können Sie es?

Selbstverständlich konnte Martin seinen Text „lesen“. Stolz las er vor:

Ich mag der Stärkste und der Schnellste sein. Absender: Martin

Martins Schreibweise ist für uns deshalb so schwer zu entziffern, weil er sich noch nicht auf die bei uns festgelegte Schreibrichtung von links nach rechts festgelegt hat. Er beginnt seinen Text mit einer „Von-oben-nach-unten“-Ausrichtung – wie sie unter anderem in Japan, Korea, China üblich ist – und wechselt dann in die uns geläufige Schreibrichtung. Jetzt wird sein Text schon klarer erkennbar: Zuerst schreibt er

EICH	Ich	
MAK	mag	
DEr	der	
SCH	Stärkste	
DE		
ont	und	*setzt dann neu an und ergänzt waagerecht*
DErSCHnESSSDsSein	der Schnellste sein.	

Offensichtlich hat Martin „Großes" vor in der Schule: Der Stärkste und der Schnellste will er sein! Und das als einer der Kleinsten in der Klasse! Vielleicht auch gerade deswegen. Bei einer genaueren Analyse anhand der Schreibentwicklungstabelle erweist sich der zunächst unverständlich erscheinende Text gar nicht mehr als derartig chaotisch.
Tatsächlich bringt auch Martin schon zu Beginn der 1. Klasse eine Menge „Schreibwissen" in seinem Text zum Ausdruck:

- Martins aktuelle innere Theorie besagt, dass gesprochene Sprache durch Buchstabenzeichen abgebildet wird, die man in der Reihenfolge der wahrgenommenen Laute schreiben muss.
- Er befolgt dabei konsequent die Strategie, jeden hörbaren Laut durch ein oder zwei Buchstabenzeichen abzubilden: Im Rahmen der *streng phonetischen Strategie:* ont für und; mak für mag.
- Bei dem besonders schwierigen Wort Stärkste greift er auf die vorwiegend *konsonantische Strategie* mit Großbuchstaben zurück: SCHDE.
- Bei dem ebenfalls schwierigen Wort Schnellste geht er wiederum lautierend *streng phonetisch* vor, hört man doch beim gedehnten Lautieren dieses Wortes den S-Laut in der Wortmitte besonders deutlich und lang. Daher schreibt er hier dreimal ein S, jeweils *in unterschiedlicher Schreibrichtung.*
- Offensichtlich hat Martin die konsequente *Links-rechts-Richtung* unserer Schrift sowie die Einhaltung von Wortabständen noch nicht fest in seine innere Theorie integriert.
- Auch verwendet er *Groß- und Kleinbuchstaben* innerhalb von Wörtern sehr „flexibel", innerhalb früher Schreibphasen eine typische Erscheinung.

Insgesamt lässt Martins frühe Schreibleistung – bei aller Eigenwilligkeit des grafischen Vorgehens – doch auf eine bereits differenzierte Einsicht in das Funktionieren unserer Schrift schließen. Diagnostisch gelesen zeigt Martins Text, welche Aspekte bei Anregungen in der nächsten Zeit beachtet werden sollten. Ganz sicher geht es um Impulse zur Schreibrichtung, was auch andere Kinder betrifft. Die Lehrerin war gespannt, wie Martin sich entwickeln würde.

13 Praxis: Stephan und Martin erobern die Orthografie (Ende Klasse 1)

Sicher sind auch Sie neugierig darauf, wie es mit Stephan und Martin während des 1. Schuljahres weitergegangen ist. Im Verlauf der 1. Klasse waren unter anderem acht solcher „Klassenlesebücher“ mit selbst verschrifteten Texten der Kinder entstanden, die von der Lehrerin jeweils wie in Kapitel 12 beschrieben in Erwachsenenschreibweise übersetzt wurden.

Zusätzlich benutzte die Lehrerin ein sogenanntes „Schultagebuch“, in das sie am Ende eines Schultages nach Diktat durch einzelne Kinder – hierbei als lautierendes Schreibmodell fungierend – wichtige Ereignisse eintrug. Klassenlesebücher und Schultagebuch waren in freien Lesezeiten neben einfacher Kinderliteratur begehrte Leseobjekte der Kinder. Gegen Ende des 1. Schuljahres schrieben und malten sowohl Stephan als auch Martin ihre Seiten für ein neues „Klassenlesebuch“.

Stephan: Ende Klasse 1

Martin: Ende Klasse 1

Hintergrund war ein Theaterstück, das die Klasse zuvor gemeinsam besucht hatte. Das Theater „Rote Grütze" hatte das Märchen vom Froschkönig zur Freude der Kinder sehr realistisch – inklusive einer Wasserschlacht – inszeniert. Wie in der Klasse üblich, konnten die Kinder beim Verfassen ihrer Texte auf ein Angebot von „Schreibhilfen" zurückgreifen (wie Wortkarten, ABC-Kartei, Fragen stellen), wovon beim Schreiben nur einzelne Kinder Gebrauch machten. Auch Stephan und Martin brachten ihren Text – ganz in ihren Gedanken versunken – ohne aufzuschauen zu Papier. Auf der gegenüberliegenden Seite des Textes wurde später wie immer die Erwachsenenschreibweise ergänzt, die hier weggelassen wurde.

Die beiden Texte sehen wahrlich wieder sehr unterschiedlich aus. Über *Stephans* Entwicklung zum Ende des 1. Schuljahres war die Lehrerin außerordentlich erfreut, besonders von der Klarheit und Strukturiertheit seiner Schreibweise. In Bezug auf Martins Schreibentwicklung hatte sie jedoch ein ziemlich ungutes Gefühl.

Schauen wir uns zunächst einmal Stephans Text an. Welches Können Stephans Lehrerin am Ende des 1. Schuljahres sieht, konstatiert sie zufrieden:

> „*Stephan hat sich deutlich auf unsere normierte Orthografie zubewegt. Er hat nicht nur das grundlegende Prinzip der Buchstabenschrift (Laut-Buchstaben-Zuordnung) erfasst, sondern er versucht bereits, orthografische Regelmäßigkeiten zu berücksichtigen.*"

Im Einzelnen heißt das:

- Stephan schreibt nicht mehr nach „Gehör", an der lautlichen Qualität der Umgangssprache orientiert, sondern er beachtet vermehrt grundlegende Rechtschreibregeln. Seine innere Theorie spiegelt den *Übergang von der streng phonetischen Strategie zur phonetischen Strategie bei Integration typischer Rechtschreibmuster* (Phase 5) wider.

- Er hat eine Vorstellung davon entwickelt, dass *einfach auslautende Silben aus Vokal plus Konsonant* gebildet werden.
- Er beachtet die korrekte Schreibung der unbetonten *Endsilbe* er mit dem sogenannten *Schwa-Laut* (dem unbetonten oder gemurmelten *e*) und schreibt jetzt teater nicht wie früher teata, wobei ihm der *Th*-Beginn bei Wörtern fremdsprachlicher Herkunft noch nicht geläufig ist (und sein kann).
- Beim Wort Kugel realisiert er ebenfalls das lautlich in der Umgangssprache nicht hörbare auslautende „e“ *in der Endsilbe* und schreibt Kugel statt wie früher Kugl.
- Auch bei sehr schwierigen Wörtern greift er nicht mehr wie andere Kinder auf die rein konsonantische Schreibweise zurück. Bei dem Wort *Prinzessin* PRZN beachtet er jetzt die typische *Silbenstruktur* aus Konsonant(-en) plus Vokal. Getreu der typischen Berliner Aussprache schreibt er Prinzezen.

Stephans nächste Schritte zur Verfeinerung seiner inneren Regeln zur Rechtschreibung werden sich auf Phänomene beziehen, wie sie im Lernangebot für das 2. Schuljahr typisch sind. Im Einzelnen bedeutet das:

- Ein Lernschritt für Stephan bezieht sich sicher auf das wichtige Prinzip der Auslautverhärtung (t – d, p – b, k – g), das für die deutsche Orthografie kennzeichnend ist. So schreibt er wie alle Kinder zunächst HANT. Anregungen zum Entdecken einer *Regel wie: „Verlängere das Wort und du weißt, ob am Wortende d oder t geschrieben wird“,* sind für viele Kinder in dieser Phase bzw. im 2. Schuljahr Thema im Rechtschreibunterricht / in Rechtschreibkonferenzen sowie bei Grundwortschatzübungen.
- Eine Besonderheit der deutschen Orthografie ist, dass die geschriebene Endsilbe *-ig* wie in *König* zwar weich als *-ich* ausgesprochen, aber trotzdem als -ig geschrieben wird. Dies gehört zu den „Feinheiten“, mit denen Stephan am Ende des 1. Schuljahres noch nicht vertraut sein kann. Im Rahmen von Rechtschreibkonferenzen bzw. bei Arbeiten am klassenbezogenen Grundwortschatz werden derartige Besonderheiten von den Kindern entdeckt, besprochen, als eigene Regel formuliert und geübt.
- Stephan hat darüber hinaus eine interessante spezielle innere Schreibstrategie zur *Groß- und Kleinschreibung* entwickelt. Sie werden bemerkt haben, dass Stephan konsequent die Artikel sowie die Zeilenanfänge mit großen Buchstaben schreibt. Viele Lesematerialien für das allererste Lesen beginnen auf jeder Zeile mit einem neuen Satz und schreiben daher jeden Zeilenanfang mit Großbuchstaben. Diese innere Regel zu verändern dürfte mit zunehmender Erfahrung für Stephan kein Problem sein.

Ganz offensichtlich ist Stephan am Ende des 1. Schuljahres auf einem richtig guten Weg!

Die Lehrerin war höchst erfreut!

Und jetzt Martin!

Was ist mit *Martin?*

Voller Sorge berichtete seine Lehrerin bei einem unserer Treffen:

> *„Was soll ich bloß davon halten?*
> *Wir haben jetzt Ende 1. Schuljahr und ich werde aus Martins Texten immer noch nicht schlau! Kann ich Martin überhaupt in die 2. Klasse mitnehmen?*
> *Habe ich irgendwelche Schwierigkeiten bei Martin übersehen?“*

Und auf Nachfrage hin berichtete sie:

> *„Ja, Martin schreibt gerne und auch freiwillig. Es ist so: In geübten Texten bringt er ordentliche Leistungen zustande, aber meistens lustlos und gequält. Bei freien Texten, also wenn er selbst bestimmen kann, worüber er schreibt, ist er mit Leib und Seele, also ganz intensiv, dabei – bis in die kleinen Pausen. Auch diesen Text hat er sehr gerne geschrieben. Er hatte schon darauf gewartet, über das Theater schreiben zu können. Aber dann so ein Chaos-Text! Was würdet ihr denn an meiner Stelle machen?“*

Nach diesem „Hilferuf“ setzten wir uns am nächsten Tag mit der Klassenlehrerin sowie einer anderen Kollegin zusammen und „brüteten“ über Martins Text. Um ihn überhaupt verstehen zu können, übersetzten wir als Erstes Martins Text Wort für Wort in „Erwachsenenschreibweise“.

ECH Wode hech	Ich wurde nicht
has Gestäresst	nass gespritzt.
Das wa hech t (steht in der nächsten Reihe)	
	Das war nicht
so tol aba di	so toll, aber die
andrh send has („s“ steht schon in der nächsten Reihe)	
	anderen sind nass
Gestrezt	gespritzt (worden).

Als Erstes stellten wir zu unserer Überraschung fest: Martin hat inhaltlich gesehen keinen Chaos-Text produziert, sondern einen sinnstiftenden Text geschrieben, der sich auf eine realistische „Wasserschlacht“ innerhalb des Theaterstückes bezieht. Für einen Erstklässler zunächst einmal gar nicht so schlecht. Und er drückt ein Gefühl aus: ziemliche Enttäuschung. Die Lehrerin bestätigte unsere Wahrnehmung:

> ❞ *Ja, Martin war sehr enttäuscht und wollte dies unbedingt aufschreiben. Natürlich hätte er gern zu den Kindern gehört, die von der Wasserschlacht auf der Bühne einige Spritzer abbekommen hatten.* ❝

Als Zweites stellten wir fest, dass wir auf Martins immer noch ungelenke Art zu schreiben „hereingefallen“ waren. Sehr schnell hatten wir „schlechte Schrift“ mit „schlechter Leistung“ gleichgesetzt. Ein Beispiel dafür, wie leicht es passieren kann, durch ein chaotisches Schriftbild zu einer insgesamt negativen Leistungserwartung zu gelangen! Die Lehrerin beschrieb jedenfalls Martins motorisches Schreibverhalten als äußerst verspannt und zugleich sehr druckvoll:

> ❞ *Martin schreibt gerne, intensiv und voller Anspannung.*
> *Er kann die Buchstaben nicht in Ruhe nacheinandersetzen.*
> *Wenn er schreibt, drängen sich die Buchstaben mit heftigem*
> *Druck und großer Schnelligkeit auf das Papier.* ❝

Damit erklärte sich auch die teilweise nicht eindeutige grafische Gestalt einiger Buchstaben, wie seine Lehrerin erläuterte:

> ❞ *Wenn Martin schreibt, ist sein Eifer und damit seine Schreibgeschwindigkeit so groß, dass ihm z. B. alle kleinen* n*s wie kleine* h*s geraten. Darauf angesprochen benutzt Martin jetzt gern das große Druckschrift-*H *für jedes zu schreibende* H/h*, damit man es besser lesen kann. Auch auf die Einhaltung von Ober- bzw. Unterlängen kann Martin bei seinem Schreibeifer nicht achten. Ebenso stellen*

die vorgegebenen kleinen Linienabstände für seine druck- und schwungvolle Art zu schreiben ein Hindernis dar.“

Mit dieser Information im Hinterkopf nahmen wir Martins Schreibleistung schon differenzierter wahr. Mit der Schreibentwicklungstabelle machten wir uns dann an eine genauere Analyse seiner Lernentwicklung. Dabei verglichen wir jede orthografische Schreibung mit der in Martins erstem Text zu Anfang des Schuljahres.

Wir wollten genau wissen:
Was hat Martin im Verlauf des 1. Schuljahres gelernt?

Wir stellten fest:

- Martin hält jetzt die Lese-Schreib-Richtung von links nach rechts konsequent ein.
- Martin schreibt das S nicht mehr seitenverkehrt.
- Martin benutzt jetzt vermehrt kleine und große Buchstaben auf orthografisch sinnstiftende Weise.
- Martin schreibt inzwischen alle Wörter entsprechend der *streng phonetischen Strategie* konsequent an der Lautung der Berliner Umgangssprache orientiert:
  aba = aber, send = sind, wode = wurde, nech(t) = nicht, wa = war
- Rein konsonantische Schreibweisen benutzt er gar nicht mehr.
- Bei dem für ihn besonders wichtigen Wort Gesträrezst/gestrezt für *gespritzt* lautiert er übergenau und bildet auch für uns nicht mehr hörbare – da für die Bedeutung irrelevant – zusätzliche Laute ab.
- Die Konsonantenverbindung *sp* ersetzt er dabei jedes Mal durch ein ihm vertrauteres Doppelzeichen, das ST.
- Auch experimentiert er mit einem „Ä-Inlaut“ und bildet die Schärfe des auslautenden -tzt durch zst/zt ab.

Nach dem wir auf diese Weise gemeinsam Martins Schreibleistung analysiert und eingeordnet hatten, kristallisierte sich bei uns folgende Einschätzung von Martins Entwicklung heraus:

- Martin verfügt über eine sinnstiftende Verschriftungsstrategie.
- Mit seiner streng phonetisch orientierten Schreibweise (Phase 4) befindet er sich in guter Gesellschaft mit sehr vielen Kindern, die sich am Ende der 1. Klasse bei freien Texten im Rahmen einer streng phonetischen Strategie bewegen.
- Martin ist kein „Legastheniker“, eine Befürchtung, die seine Lehrerin teilweise bewegt hatte.
- Wir waren uns einig, Martin mit in die 2. Klasse gehen zu lassen, zumal er ausgesprochen gern und stets mit großem Eifer eigene Texte verfasste.

Seine Lehrerin akzeptierte inzwischen unsere optimistische Einschätzung und freute sich für Martin, auch wenn sie nach wie vor nicht ganz ohne Bedenken an das 2. Schuljahr mit Martin dachte.

In unserer Gesprächsrunde erörterten wir abschließend, welche individuellen Lernangebote Martin im 2. Schuljahr möglicherweise nützlich sein könnten. Folgende Ideen kristallisierten sich heraus:

- Martin braucht spezielle Angebote zur Bewältigung seiner motorischen Schreibprobleme.
- Martin bringt gute Voraussetzungen mit für eine erfolgreiche Bewältigung dieser Probleme, da er stark motiviert ist, eigene Texte zu verfassen.
- Martin könnte versuchen, in „Balkenlinien“ zu schreiben, um selbst zu prüfen, ob ihm diese Lineatur mehr hilft, Ober- und Unterlängen zu berücksichtigen.

- Martin würde es wohl auch nützen, wenn die Bewegungsabläufe einzelner Buchstaben mit ihm noch einmal erarbeitet werden würden.
- Mit Martin (und der Klasse) sollte über den Aspekt einer *„leserfreundlichen Handschrift“* als Ausdruck von Höflichkeit gegenüber dem Leser / der Leserin gesprochen werden sowie darüber, dass eine leserfreundliche Handschrift *die* Voraussetzung darstellt, damit Texte überhaupt von anderen gelesen werden können.

Denn „gelesen werden“, das wollte Martin schon!

Martin ging also ganz normal gemeinsam mit den anderen Kindern in die 2. Klasse, wenn auch aufseiten der Lehrerin immer noch mit etwas Herzklopfen. Wie hätten Sie sich bei Martin entschieden? Mitnehmen in die zweite Klasse, oder?

14 Praxis: Stephan, Martin & die Rechtschreibung (Ende Klasse 2)

Gegen Ende des 2. Schuljahres trafen wir uns erneut in unserer kleinen Gesprächsrunde, um die jetzt aktuellen Texte von Stephan und Martin in Augenschein zu nehmen. Beide Texte waren auch diesmal wieder im Anschluss an einen aufregenden Besuch, jetzt allerdings im Berliner Grips-Theater, entstanden und sollten, wie von den Kindern gewünscht, zu einem Klassenlesebuch zusammengefügt werden. Im Theaterstück *Jule, was ist los?* ging es um das Mädchen Jule und ihren kleinen Hund Bruno, der leider noch nicht stubenrein ist und außerdem alles frisst, was gerade auf die Erde fällt. Besonders beim Mittagessen war die Ausbeute unter dem Tisch reichhaltig.
Wieder schrieben Stephan und Martin ihre Texte deutlich in die Aktivität des Schreibens versunken, wieder ganz ohne ihre Umgebung wahrzunehmen.

Text 1

Text 2

In der Klasse wurden zu der Zeit die Texte für ein Klassenlesebuch bei vielen Kindern noch durch die Gegenüberstellung von Kinderschreibweise und Erwachsenenschreibweise dokumentiert. Andere Kinder brauchten diese Unterstützung nicht mehr. In der Abbildung sind die beiden Textblätter zu sehen, diesmal ohne Namen und ohne Übersetzung. Vielleicht lesen Sie die Texte selbst und entscheiden, welcher Text zu welchem Kind gehört.

Damit hatten wir „Externen“ nun gar nicht gerechnet: Der lange Text sollte von Martin stammen, von unserem „Chaos-Martin“? Das gibt es doch gar nicht! Und Stephan hat so wenig geschrieben? Die Lehrerin schmunzelte über unsere Ungläubigkeit.

Sie berichtete froh:

> »*Ja, den langen Text hat tatsächlich Martin geschrieben! Im 2. Schuljahr machte er plötzlich Riesenfortschritte in seiner Schreibentwicklung.*«

Eine genaue Analyse beider Texte sollte unserer Runde Aufschluss geben über den aktuellen Stand der Rechtschreibentwicklung der beiden Jungen.

Von der unerwarteten Schreib-/Rechtschreibentwicklung Martins im 2. Schuljahr noch immer etwas irritiert, setzten wir uns also wieder zusammen, um die beiden Texte zu analysieren. Vielleicht ist es auch für Sie interessant, vorab einmal selbst eine solche Analyse durchzuführen. Die beiden Texte stehen dazu jeweils noch einmal direkt vor unserer Analyse.

Welche Lernfortschritte zeigt Martins Text am Ende von Klasse 2?

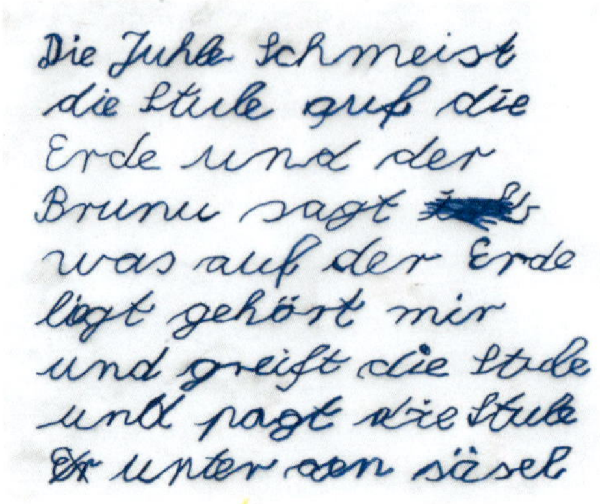
Die Juhle Schmeist
die Stule auf die
Erde und der
Brunu sagt
was auf der Erde
liegt gehört mir
und greift die Stule
und pagt die Stule
unter den säsel

Martin, Ende der 2. Klasse

Wir stellten fest:

- Martin schreibt diejenigen Wörter, die aus dem zu der Zeit in Berlin gültigen *Grundwortschatz* stammen, *alle korrekt: die, der, den, auf, was, mir und, unter, Erde, sagt, liegt, gehört, greift.*
- Martin schreibt lediglich 4 (teilweise schwierige, nicht zum aktuellen Grundwortschatz der Klasse gehörige Wörter) abweichend von der Normorthografie: *pagt*, *Schmeist*, *säsel*, *Stule* (*Stulle* ist im Berlinischen der Ausdruck für eine Scheibe Brot).
- Martin *konstruiert diese Wörter phonetisch* – an der eigenen berlinisch gefärbten Artikulation orientiert – *unter Anwendung seiner aktuellen inneren Regeln,* so zum Beispiel seiner Theorie der Schreibung von Länge und Kürze von Vokalen. *Juhle* hat eindeutig ein langes *u* und wird für ihn daher mit Dehnungs-h geschrieben. Wenn *Juhle* durch das Dehnungs-h lang klingt, braucht er in *Stulle*, um die Kürze zu bezeichnen, einfach nur das *h* wegzulassen – also *Stule*.
- Die Namen *Juhle* und *Brunu* standen zwar in korrekter Schreibung an der Tafel. Aber absolut vertieft ins Schreiben ignorierte Martin diese Hilfe.
- Martins Schreibung des Wortes Bruno als *Brunu* zeigt ebenfalls die Anwendung (hier *Übergeneralisierung*) einer aktuellen inneren Regel: Martin hat eine für Berliner Kinder wichtige „Lektion" gut gelernt – Berliner artikulieren in Wörtern, die mit *u* geschrieben werden, häufig statt des *u* ein *o*. Schreibt Martin am Ende des 1. Schuljahres entsprechend noch: *wode* für *wurde* und *ont* für *und*, so schreibt er jetzt korrekt *wurde* bzw. *und*; aber eben auch *Brunu*.
- Auch mit der Groß- und Kleinschreibung kommt Martin jetzt besser zurecht.

- Und seine motorischen Schreibprobleme hat er dank seines Schreibeifers überwunden.
- Selbstständig Satzzeichen zu setzen wird unter anderem für Martin – wie für viele Kinder – demnächst ein Thema sein.

Als Fazit stellten wir fest: Insgesamt gesehen befindet sich Martin auf einem guten Weg! In seinen Schreibungen benutzt er nur noch vereinzelt die Strategie der rein phonetischen Orientierung. Viel häufiger *erprobt bzw. integriert er jetzt vermehrt Rechtschreibregeln sowie Rechtschreibmuster (Phase 5).* Auch berücksichtigt er inzwischen die korrekte Schreibweise des klasseneigenen Grundwortschatzes.

Sie können sich sicher vorstellen, wie froh Martins Lehrerin im Verlauf des 2. Schuljahres immer wieder darüber war, dass sie Martin mit in die 2. Klasse genommen und ihm gleichzeitig für die Entdeckung der orthografischen Struktur unserer Schrift genug Zeit gelassen hatte. So konnte Martin seine Wege zur Eroberung der Orthografie in seinem Tempo und mit den für ihn richtigen Pausen und Sprüngen durchschreiten, ohne dass er seine emotionale Einbindung in die Klassengemeinschaft aufgeben musste. Im 4. Schuljahr zeigte sich Martin übrigens als ein souveräner „Vielschreiber“, der auch in freien Texten wenig Fehler machte!

Und welche Entwicklung zeigt Stephans Text am Ende von Klasse 2?

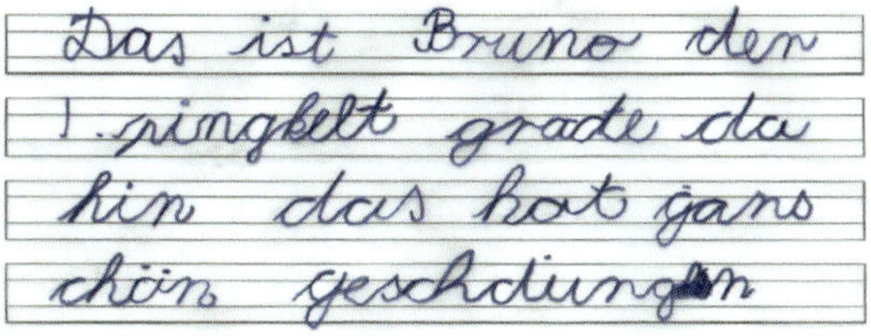

Stephan, Ende der 2. Klasse

Ja – Stephan! Wir waren zunächst etwas irritiert von Stephans kurzem Text. Aufgrund seiner beeindruckenden Entwicklung im 1. Schuljahr hatten wir – „typisch Lehrer/Lehrerin“ – mehr erwartet, nämlich erneut eine rasante Entwicklung seiner Schreib- bzw. Rechtschreibfähigkeiten, also einen besonders guten Text. Und nun dieser kurze Text!

Orthografisch analysiert, befindet sich Stephan mit seinen Schreibungen, ähnlich wie Martin, in der 5. Phase: Er benutzt die Strategie *der phonetischen Umschrift unter zunehmender Integration und Erprobung typischer Rechtschreibmuster und Rechtschreibregeln.* Das ist allerdings die Phase, in der er sich bereits gegen Ende des 1. Schuljahres befand.

Hat sich Stefan denn gar nicht weiterentwickelt?, fragten wir Externen uns.

> *„Doch, schon! Na klar hat er dazugelernt!", beruhigte uns seine Lehrerin. „Nur langsamer als im Jahr davor, aber durchaus anspruchsvoll. Es schien allerdings", so berichtete sie weiter, „als ob Stephan sich erst einmal von seinen rasanten Entwicklungssprüngen im 1. Schuljahr ein wenig erholen musste, um sie ‚verdauen' zu können."*

Offensichtlich war das „freie Schreiben" im 2. Schuljahr lange Zeit nicht das zentrale Thema für ihn gewesen. Andere Bereiche, wie der Sachunterricht, traten dann stärker in den Vordergrund.

Stephans Lernfortschritte im Einzelnen:

- Stephan beherrscht die Schreibschrift und kann jetzt auch souveräner mit der *Groß- und Kleinschreibung* umgehen.
- Stephan befasst sich innerhalb der bei ihm noch dominierenden „Strategie der Integration typischer Rechtschreibmuster bzw. Rechtschreibregeln" *mit anspruchsvollen Verfeinerungen seiner Schreibstrategie.*
- Bei der Aussprache nasaler Konsonanten im Deutschen legt sich der hintere, weiche Teil des Gaumens an die Rachenrückwand und verschließt so den Nasenraum; daher der besondere *nasale Klang,* den Stephan bestrebt ist abzubilden. Bei dem Wort *gepinkelt* nimmt er nach dem *n* sowohl zunächst den weichen G-Laut wahr als auch danach den schärferen K-Laut. Noch unsicher, welche Variante der korrekten Schreibweise entspricht, bildet er vorsichtshalber beide Varianten nebeneinander ab: pingkelt.
- Auch in das bereits geschriebene Wort *gestunken* fügt er nach einigem Zögern nach dem g noch ein k ein: gestungken.
- Was die Schreibung des Sch-Lautes angeht, so befindet sich Stephan offensichtlich in einer *Phase der Umstrukturierung* bisher angewandten Wis-

sens: *chön – schön; geschdu – gestu.* Hier braucht er Anregungen, um Klarheit über die unterschiedliche Schreibung des Sch-Lautes (*sch – st*) zu gewinnen.
- Für Stephan, wie für viele andere Kinder der Klasse, wird neben der Schreibweise von Nasalen sowie der des Sch-Lautes *die Berücksichtigung von Satzschlusszeichen ein Thema sein.*

Stephans Schreibentwicklung während des 2. Schuljahres wurde von uns und zunächst auch von seiner Lehrerin nach seinen großen Anfangserfolgen als enttäuschend empfunden. In Ruhe betrachtet, wurde uns klar, dass Stephans Fortschritte im Bereich der Verfeinerung seiner Schreibstrategie zu finden waren. Mit unserer vorschnellen Einschätzung wurden wir weder Stephan im Speziellen noch Lernprozessen im Allgemeinen gerecht!

Lernprozesse zeichnen sich stets durch ihre jeweilige individuelle Dynamik aus, eine Dynamik, die große Sprünge und kleine Schritte, Lernplateaus und Umwege sowie auch gradliniges Fortschreiten einschließt. Es scheint, wir sind häufig zu ungeduldig: mit den Martins, die erst spät „loslegen", und ebenso mit den Stephans, die nach „Riesenschritten" ihre Pause brauchen.

15 Didaktische Prinzipien auf dem Weg zur „entwickelten Rechtschreibung“ (Klasse 3/4)

Gewiss, es gibt Kinder, die sich in Klasse 3/4 ganz selbstverständlich von der Strategiephase 5 in Richtung Stufe 6 – der entwickelten Rechtschreibung – bewegen. Souverän verarbeiten und festigen diese Kinder entdeckte Strukturen, Regeln sowie Besonderheiten der Rechtschreibung. Dies gilt jedoch meistens nur für einige wenige Kinder, abhängig von Familien- bzw. Klassensituation oder Sozialstruktur des Schulbezirks.

Im Allgemeinen geht es in Klasse 3/4 darum, entsprechend dem jetzt höheren Niveau zu einer weiteren Ergänzung, Verfeinerung und Festigung der bisher erworbenen Rechtschreibstrategien anzuregen. Als produktiv dafür hat sich ein mehrgleisiges methodisches Vorgehen erwiesen, das die Vorteile verschiedener Methoden vereint:

- Einerseits fördert dieser mehrgleisige Ansatz *durch gezielte Angebote* den weiteren Aufbau sowie die neuronale Verankerung und Automatisierung von Rechtschreibsicherheit. Dies erfolgt über spezielle inhaltliche Angebote kombiniert mit lernpsychologisch sinnstiftend konstruierten Übungssequenzen.
- Andererseits fordert der mehrgleisige Ansatz die Kinder nach wie vor dazu heraus, *selbstständig oder in Rechtschreibgesprächen ihre* bis dahin gebildeten inneren Regeln bewusst normorientiert zu überprüfen bzw. zu verfeinern (ausführlich siehe Kapitel 16).

Grundsätzlich stehen – durch die Lehrerin didaktisch inszeniert – bei diesem Ansatz folgende Arbeitsweisen zum orthografischen Lernen im Mittelpunkt des Vorgehens:

- Das Schreiben freier Texte wird jetzt unter Aspekten der Rechtschreibung durch den verstärkten Ausbau des *Modell- bzw. Grundwortschatzes* ergänzt.
- In speziellen *Rechtschreibkonferenzen/Rechtschreibgesprächen zu aktuellen Fragen* werden Schreibweisen von den Kindern – durch die Kinder selbst – strategiebezogen analysiert und kommentiert (Brinkmann 2018; Brinkmann/Brügelmann 2018; Bruner 1972/2000; Grümken/Spitta 2001).
- Dabei tauschen sich die Kinder über ihre entdeckten Regeln und deren Anwendung sowie über Fragen bzw. Unsicherheiten aus. Die so entdeck-

ten Regeln, Schreibstrategien, Merkvorschläge oder Eselsbrücken formulieren die Kinder in den Rechtschreibkonferenzen – von der Lehrerin begleitet – in ihrer Sprache selbst.

- Inhaltlich und sprachlich gemeinsam beschlossene Regeln / Strategien stehen zum einen im persönlichen Regelheft sowie zum anderen allgemein verfügbar in einem Schatzkästchen bzw. als Regelsammlung an einer Klassenwand oder Tür.
- *Wörterbücher* zu benutzen – auch digitale – gehört zur selbstverständlichen elementaren Hilfs- und Kontrollstrategie.
- Nach wie vor werden regelmäßig innerhalb individueller Arbeitszeiten bzw. der Wochenplanarbeit *freie Texte* geschrieben – jetzt neu eingebunden in *Schreibkonferenzen.*
- *Damit erhält neben dem inhaltlich-sprachlichen auch das orthografische Überprüfen eines selbst verfassten Textes im Rahmen von Schreibkonferenzen einen gewichtigen Platz!*

Bisher, in Klasse 1 / 2 bezog sich die Aufmerksamkeit der schreibenden Kinder gezielt auf die inhaltliche Seite ihres Textes. Dabei stellt die selbstständige inhaltliche Konstruktion ihres eigenen Textes bereits eine beachtliche Leistung für dieses Alter dar!

Die Rechtschreibung wurde in 1 / 2 normalerweise eher spontan aus aktuellem Anlass zum Thema gemacht, zum Beispiel bei ersten Arbeiten am Grundwortschatz, der Entdeckung erster basaler Regeln oder bei Rechtschreibkonferenzen zu speziellen Kinderfragen. Regelmäßig wurde außerdem vor der „Veröffentlichung“ von freien Kindertexten in den „Klassenlesebüchern“ der jeweilige Kindertext vorab mit der Rechtschreibung der Erwachsenen auf der gegenüberliegenden Buchseite als Impuls ergänzt.

Die Kinder bevorzugten zum Selberlesen nach kurzer Zeit ohnehin den „Erwachsenentext“ auf der gegenüberliegenden Seite.

Ab jetzt, in Klasse 3 (in Klassen mit besonderen Problemlagen meistens erst in Klasse 4), erhält die Arbeit mit freien Texten im doppelten Sinne eine neue Qualität! Denn ab jetzt werden die Kinder beim freien Schreiben dazu herausgefordert – neben der Aufmerksamkeit auf die inhaltliche Dimension ihres Textes –, ihre Konzentration bewusst und zusätzlich auf die Rechtschreibung zu lenken.

Nicht mehr die Lehrerin / der Lehrer überprüft zunächst die Rechtschreibung, die Kinder in der Schreibkonferenzgruppe (meistens drei Kinder) überprüfen gemeinsam und selbstständig den – jetzt „Entwurf“ genannten – Text eines Autorenkindes auch auf die Rechtschreibung.

Ab Klasse 3 kommt der bewussten, selbstverständlichen und kontinuierlichen eigenständigen Beachtung der Rechtschreibung, auch beim freien Schreiben als neue Herausforderung an die Kinder hinzu. Und dazu bietet sich unter anderem die Arbeit mit Schreibkonferenzen an.

Natürlich geht es in Schreibkonferenzen zunächst um die Entwicklung der Textkompetenz von Grundschulkindern! Deswegen heißen sie „Schreibkonferenzen“, nicht „Rechtschreibkonferenzen“. Trotzdem erhält gerade im Schreibkonferenz-Setting *die Rechtschreibung ihren eigenen Stellenwert* zusätzlich zur zunächst dominanten Textseite.

Wenn die Kinder beim freien Schreiben ab jetzt lernen – neben der Konzentration auf die inhaltliche Dimension – zum Schluss beim gemeinsamen Kontroll-Lesen ihres Textes in der Schreibkonferenz bewusst auch auf die Rechtschreibung zu achten, entwickeln sie eine besonders produktive Haltung gegenüber ihrem eigenen bzw. jedem Schreibprozess!

Denn im Gespräch mit den anderen Konferenzkindern werden sie sich ihrer aktuellen Rechtschreibthemen oder Unsicherheiten bewusst und korrigieren ihren Text schon einmal gemeinsam oder individuell selbst. Durch dieses Ritual am Ende einer jeden Schreibkonferenz haben Kinder die Chance, mittels eigener Erfahrung eine neue „Gewohnheit“ aufzubauen: nämlich zu akzeptieren, dass „ein Text immer erst dann fertig ist, wenn ich die Rechtschreibung selbst kontrolliert habe“.

Es geht um den Erwerb einer neuen Einstellung: und zwar um eine ernsthafte *sowohl inhaltlich-sprachliche, als auch rechtschriftliche Achtsamkeit* gegenüber dem selbst geschriebenen Text!

Haben Sie vor, *weiter mit freiem Schreiben plus Schreibkonferenzen zu arbeiten oder diese Methode auszuprobieren,* finden Sie im Download-Material zu diesem Buch eine Beschreibung wesentlicher Elemente des praktischen Vorgehens im Unterrichtsalltag. Die spezifischen Förder- / Lernmöglichkeiten für die Rechtschreibung werden dort ausführlich beschrieben (siehe auch Spitta 1993 / 2001; Spitta 2019).
Sie haben nicht vor mit Schreibkonferenzen in Klasse 3 / 4 zu arbeiten? Dann gehen Sie einfach zum nächsten Kapitel *Effektives Üben* weiter. Alle dort beschriebenen didaktischen Übungssequenzen zum gehirngerechten Üben können Sie selbstverständlich auch ohne Schreibkonferenzen einsetzen!

Hinweise zur Nutzung des Download-Materials finden Sie auf S. 120.

16 Effektives Üben – selbstverständliche Ergänzung zum freien Schreiben

So wie Kinder im 1. Schuljahr durch frühes selbstständiges Schreiben in Kombination mit ersten Anregungen die Grundprinzipien unserer Orthografie eigenaktiv erproben können, wird in den folgenden Schuljahren eigenaktives Erkennen und Üben orthografischer Inhalte bewusst initiiert. Hierzu dienen inspirierende Lernszenarien, um die eigenständige Verfeinerung und Festigung orthografischer Strategien individuell anzuregen.

In Kapitel 7 und 8 wurden bereits frühe, implizit wirkende Anregungs-, Spiel- und Übungssituationen beschrieben, die die Kinder bereits in den ersten Schulmonaten *beiläufig* auf orthografische Strukturen aufmerksam machen.

Ab Mitte Klasse 2, spätestens in Klasse 3, wird das Schreiben von Texten durch inspirierende Übungsformen ergänzt, die die Kinder dazu herausfordern, sich jetzt bewusst mit Rechtschreibnormen und Strategien zu befassen. Damit Üben für die Kinder zu einer positiven Erfahrung wird – wie Üben macht Spaß! Üben lohnt sich! –, empfiehlt es sich, bei der Planung von Übungssituationen bestimmte Erkenntnisse aus didaktisch relevanten Forschungsrichtungen zu berücksichtigen.

Die hier erläuterten Prinzipien zur Organisation von lernintensiven und nachhaltig wirkenden Übungen beschreiben, wie eine Übungsatmosphäre gestaltet wird, in der Kinder mit Freude bzw. Vergnügen erfolgreich die Rechtschreibung erwerben können. Es geht um forschungsbasierte Handlungsvorschläge:

- Erkenntnisse aus der Gehirnforschung,
- Erkenntnisse aus der Kognitionspsychologie,
- Erkenntnisse aus der Lernpsychologie,
- Erkenntnisse aus der Struktur der Orthografie.

Um die *Forschungsergebnisse* konkret werden zu lassen, sind diese jeweils mit Berichten aus der Praxis unter dem Motto ergänzt: *„Was ist zu tun im Unterricht?“* Wegen ihrer speziellen Bedeutung für den Lernerfolg nehmen diese Praxisberichte zu Erkenntnissen aus der Lernpsychologie einen besonders großen Raum ein.

16.1 Die Gehirnforschung empfiehlt: „Intervalltraining“

Erinnern Sie sich noch an die Informationen aus den Kapiteln 3/4? Darin ging es um aktuelle Ergebnisse aus den Neurowissenschaften, die belegen, dass neue Informationen erst dann – dauerhaft – gespeichert sind, wenn sie vier zeitlich divergente Speicherprozesse durchlaufen haben:

Hier zur Erinnerung die Kurzübersicht:

• Das Ultrakurzzeitgedächtnis	speichert bis zu 2 Sekunden.
• Das Arbeitsgedächtnis	speichert 20 bis 45 Sekunden.
• Das Kurzzeitgedächtnis	speichert wenige Stunden.
Durch gezielte Wiederholung	Übergang ins
• Langzeitgedächtnis	dauerhaft.

Lange schon weisen traditionelle Didaktiker (wie Odenbach u. a. 1981, Roth 1969) – ganz ohne Gehirnscans – auf die Notwendigkeit einer gezielten Wiederholung von Übungen hin. Die Tatsache, dass es sinnvoll ist, eine *spezielle zeitliche Dynamik* für erfolgreiches Üben einzuplanen, ist durch die aktuellen Forschungsergebnisse *aus den Neurowissenschaften bestätigt* und zusätzlich spezifisch ergänzt worden.

Erst ein zeitlich an der Arbeitsweise des Gehirns angelehnter Übungsablauf ermöglicht es, Rechtschreibkenntnisse dauerhaft im Gehirn zu verankern.

Was also ist zu tun im Unterricht?

Da die Speicherdauer in den beiden ersten Ebenen, also im Ultrakurzzeitgedächtnis sowie im Arbeitsgedächtnis, extrem kurz ist, sollten Sie erste Wiederholungen bzw. erste Übungen möglichst direkt im Anschluss an die

Entdeckung, Erarbeitung eines neuen Lerninhaltes einplanen. Nach den ersten, zunächst am besten täglich durchgeführten Wiederholungen, können Sie die zeitlichen Abstände zwischen den Übungen schrittweise vergrößern. Erst durch regelmäßig wiederholtes Üben – in immer größer werdenden Abständen (Intervallen) –, also durch Intervalltraining, werden die Informationen dauerhaft im Langzeitgedächtnis verankert. *Kurze Wiederholungen, auch noch nach sechs Wochen, nach zwei, drei ... Monaten durchgeführt,* sind ebenfalls empfehlenswert, *geben sie doch Aufschluss* auf die wichtige Frage: *„Was ist denn nun „hängen geblieben?“* Wichtig ist, dass Sie dabei ohne negative Bewertung agieren, dafür aber ggfs. mit den Kindern kurze Vorschläge zu einem erneuten „Kurztraining“ verabreden. Ein derartig strukturiertes Übungskonzept unterstützt alle Kinder darin, Rechtschreibkenntnisse langfristig erfolgreich in ihre Schreibstrategien zu integrieren und zu automatisieren.

16.2 Die Kognitionspsychologie rät zu bewusster Ko-Konstruktion von Regeln

Ihre Kinder stehen im 1. Schuljahr vor einer riesengroßen Aufgabe. Bei ihren ersten Schreib-Lese-Versuchen geht es darum, dass sie die Lautorientierung als das fundamentale Prinzip unserer Rechtschreibung entdecken und als innere Regel abspeichern. Erst auf der sicheren Basis des „lautorientierten Schreibens“ können weiterführende Normaspekte unserer Rechtschreibung im Gehirn „andocken“.

Wann Kinder die Lautorientierung als das fundamentale Prinzip fest im Gehirn verankert haben, können Sie ganz einfach anhand der freien Texte eines Kindes feststellen. Arbeiten die Kinder mit einem Tagebuch (Portfolio), finden Sie dort die Texte chronologisch geordnet und die Entwicklung der Fähigkeiten im 1. (und dann 2.) Schuljahr automatisch dokumentiert. Selbstverständlich gibt es dabei große zeitliche Unterschiede: individuell sowie je nach Klassenzusammensetzung bzw. Sozialstruktur.

Von der unbewussten (beiläufigen) individuellen Regelkonstruktion hin zur bewussten, gemeinsam versprachlichten Ko-Konstruktion von Regeln!

Allerdings kann der Erwerb dieser Erkenntnis nicht von außen methodisch „installiert" werden. Er geschieht über selbstständiges, zugleich auch begleitetes Entdecken und Abspeichern regelhafter Strukturen, also dadurch, dass die Kinder unser Schriftsystem selbstständig schreibend erproben. Und genau herfür ist es besonders förderlich, wenn die Kinder sich über ihre Schreibversuche bzw. die Erfahrungen mit Schrift mit anderen Kindern austauschen. Zum Beispiel in einem von der Lehrerin begleiteten Gespräch, in dem die Kinder berichten, wie und warum sie auf eine Entdeckung gekommen sind. Dieser frühe Erfahrungsaustausch der Kinder untereinander stellt eine produktive Grundlage dar, um gemeinsam Rechtschreibregeln zu erkunden, zu verbalisieren und im Gehirn zu verankern. Genau das ist die Ko-Konstruktion von Regeln im Gespräch, ein Unterrichtssetting, das sich in den folgenden Schuljahren im Rahmen der Arbeit mit anspruchsvolleren Themen als Rechtschreibkonferenzen bewährt hat.

Spätestens in Klasse 3/4 charakterisieren also bewusst eingesetzte normorientierte Impulse die Arbeit mit freien Texten und Rechtschreibkonferenzen. Das didaktische Prinzip dahinter lautet: Ko-Konstruktion!

Wie läuft das im Unterricht?

Ko-Konstruktion von Rechtschreibregeln bedeutet, dass in Klasse 3/4 gezielt gemeinsame Gesprächsrunden in Kleingruppen oder mit der ganzen Klasse als spezielle Rechtschreibkonferenzen stattfinden. Und genauso werden sie auch benannt. Der Name signalisiert das höhere Niveau der Gespräche. Die von den Kindern selbst oder der Lehrerin eingebrachten Rechtschreibthemen werden hier *bewusst gemeinsam, also* im Erfahrungs-, Ideen- und Strategieaustausch der Kinder untereinander – dabei von der Lehrerin achtsam begleitet –, thematisiert und bearbeitet.

Spezielle Rechtschreibkonferenzen werden entweder von der Lehrerin oder auch von einzelnen Kindern zur Lösung aktuell aufgetretener Fragen oder Lehrplanvorgaben einberufen. Kinderäußerungen wie –

> „*Also. Das versteh ich jetzt wirklich nicht! Wann wird SINGEN denn nun großgeschrieben und wann nicht? Das ist doch ein Tuwort/Verb.*"

können ein Auslöser dafür sein. Oder Sie beobachten eine falsche Rechtschreibstrategie, die sich „wie von selbst" viral durch die ganze Klasse/Gruppe verbreitet hat:

„In der letzten Zeit ist mir bei euren Texten etwas aufgefallen: Bei fast jedem Langvokal hat sich der H-Virus eingeschlichen!"

Dann ist es Zeit für *Sie*, eine spezielle Rechtschreibkonferenz einzuberufen. Hier werden auf einem höheren Niveau – unabhängig vom einzelnen Fehlerprofil – gemeinsam mit der ganzen Klasse / Kindergruppe die aktuellen Rechtschreibbesonderheiten sowie *gleich dazu spezielle Übungsstrategien* besprochen. Auch Vorgaben aus Lehrplänen werden hier berücksichtigt. Häufig werden konkrete Regeln, Merksätze oder Eselsbrücken daraus formuliert und gemeinsam *Übungsschwerpunkte verabredet.*

Dieser Austausch der Kinder untereinander über eigene Rechtschreibstrategien bewirkt eine besonders lernaktivierende Atmosphäre. Selbstverständlich stehen Sie als Lehrerin / Lehrer Kindern in diesen speziellen Rechtschreibkonferenzen als Impulsgeber/-in / Begleiter/-in / Berater/-in zur Verfügung. Lerngespräche in speziellen Rechtschreibkonferenzen eignen sich ebenso zur bewussten *Reflexion von Übungserfahrungen.* Bei einem solchen Austausch lenken die Kinder ihre Konzentration bewusst auf Aufmerksamkeitsstrategien zur Fehlervermeidung beim eigentlichen Schreibvorgang.

Mag die Arbeit mit Rechtschreibkonferenzen zunächst sehr aufwendig erscheinen, so hat sie doch einen starken Vorteil:

Gegenseitige Hinweise, Inspirationen und Tipps von Kind zu Kind – feinfühlig durch die Lehrerin begleitet – haben sich als besonders effektiv erwiesen, *da sie die Kinder sprachlich und emotional direkter erreichen!*

> Tipps von Kind zu Kind sind meistens nicht nur besonders hilfreich, sondern werden auch besonders gut erinnert!

16.3 Die Lernpsychologie rät zu psychologisch fundierten Übungsprinzipien

Wenn Sie in Ihrem Unterricht Lern- bzw. Übungsprinzipien aus der Lernpsychologie beachten, *erleichtern Sie sich und Ihren Kindern die „Lernarbeit“.* Für orthografische Lernprozesse entsteht dadurch ein besonders förderliches Arbeitsklima.

Bewährt haben sich dafür vier spezielle Methoden der Unterrichtsorganisation, die im Folgenden anhand von Praxisbeispielen detailliert dargestellt werden.

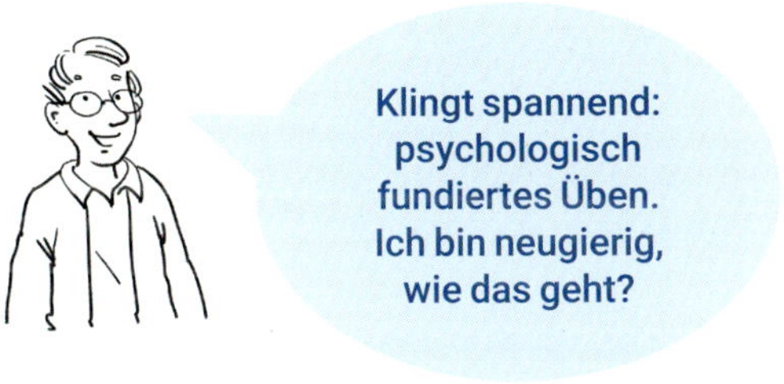

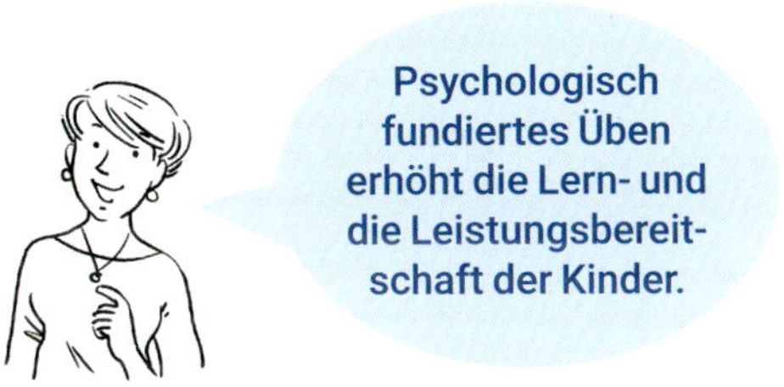

Die hier vorgestellte lernpsychologisch basierte Übungsorganisation umfasst vier Prinzipien:

P1:	Wörterdetektive im Einsatz (Sprachreflexion)
P2:	„Gute-Laune-Übungen“ (nachhaltiges Lernen)
P3:	Erfolgsorientiertes Lernklima (Übungsbereitschaft)
P4:	„Echte Projekte“ (Leistungsbereitschaft)

Prinzip 1: Wörterdetektive im Einsatz (Sprachreflexion)

„Detektivspielen“ macht Kindern Spaß und *rückt die kognitive Seite des Rechtschreiblernens auf eine spannende Weise ins Zentrum* der Aufmerksamkeit. Mit *Detektivaufträgen* können Sie in Klasse 1 – 4 arbeiten – jeweils abgestimmt auf das aktuelle Rechtschreibniveau ihrer Kinder. Detektivaufträge fordern die Kinder dazu heraus, *bewusst Unterschiede zwischen praktizierter Schreibweise und der Normorthografie*

- zu erkennen,
- zu benennen,
- zu reflektieren
- sowie die entdeckten Schreibstrategien durch effektives Üben in das eigene innere Konzept von Rechtschreiben zu integrieren.

Was ist zu tun?

Erste kleine „Detektivaufträge“ können Sie aus aktuellem Anlass unkompliziert (schon in Klasse 1, in jedem Fall ab Klasse 2) in Ihren Unterricht integrieren. Es sind kurze Situationen, die zum Nachdenken über Schreibweisen oder aktuelle Fragen der Kinder anregen. Anlässe für erste Detektivaufträge kommen zunächst von Ihnen, in manchen Klassen später auch von den Kindern selbst. Sie beziehen sich meistens auf Wörter, die gehäuft in freien Texten auftauchen, oder aber auf Wörter aus dem Modell-/Grundwortschatz. Anfänglich reicht ein Wort pro Detektivauftrag. Sehr schnell jedoch wollen die „schlauen Wörterdetektive“ mehr: 2 – 3 Wörter. Detektivaufträge eignen sich sowohl für spezielle Lerngruppen als auch für die ganze Klasse.

Detektivaufträge „gehen so“:

- Sie schreiben bewusst ein Wort in zwei unterschiedlichen Schreibweisen an die Tafel.
- Aufgabe Ihrer Kinder ist es nun – als *Wörterdetektive* –, selbst herauszufinden und im Gespräch zu begründen, welche Version sie warum für die „Erwachsenenschreibweise“ halten – später heißt es dann auch „Buch-“ oder „Duden-Schreibweise“.
- Wegen des Detektivrahmens ist diese Art der Aufgabenstellung nicht nur sehr beliebt, sondern *auch lernintensiv, denn:*
- Die kontinuierliche Arbeit mit Detektivaufgaben bewirkt, *dass Ihre Kinder eigenständig und gewohnheitsmäßig eine reflexive Haltung gegenüber der Rechtschreibung entwickeln.*
- Sinnvollerweise werden die richtigen Schreibweisen danach auch geübt bzw. in den gemeinsamen Grundwortschatz integriert.

Solange die Konzentration und der Spaß anhalten, können Sie gerne auch drei, vier dieser Detektivaufträge hintereinander ausführen. In Feedback-Gesprächen erklären die Kinder übrigens, dass sie diese Wörter jetzt „aber richtig schreiben“ wollen.

Sehr viel Spaß macht den Kindern auch *eine zweite, etwas anspruchsvollere Variante dieser Detektivaufträge,* die Kuckuckseier-Variante. Dazu bauen Sie (zum Beispiel ab Klasse 2) ab und zu – jetzt bei einer normalen Tafelanschrift! – ohne Ansage bewusst ein bis zwei falsche Schreibweisen in den Text ein. Möglichst bei Wörtern, bei denen Sie sicher sind, dass einige Kinder die richtige Schreibweise bereits gespeichert haben. Der begründete Protest der Kinder über die unglaublichen „Lehrerfehler“ wird gerne von spielerischer Empörung und Ermahnungen begleitet wie: „Frau Spitta, Sie müssen aber besser aufpassen!“

Später können *daraus gezielte Aufgaben zum „Kuckuckseier-Suchen“ entstehen.* Es geht dann um Wörter oder Sätze, die den Kindern mit expliziter Ankündigung zur Kuckuckseier-Suche angeboten werden. Fast immer gehen die Kinder mit Begeisterung auch hierbei auf die Suche danach. *Den Fund zu erklären bzw. zu begründen gehört natürlich dazu.* Als Kuckuckseier bieten sich in Klasse 3/4 schwieriger zu schreibende Wörter an, deren Erläuterungen eine höhere Rechtschreibbewusstheit erfordern. Auch auf die Suche dieser Wörter gehen die Kinder mit Begeisterung. Den Fund zu erklären bzw. zu begründen sowie die Schreibweise zu korrigieren, gehört natürlich dazu. Viel Spaß macht es auch, wenn dann das korrekt geschriebene Wort nicht nur ins eigene Heft zum Üben übertragen wird, sondern speziell „detektivisch geübt“ wird. Im Laufe der Schuljahre entstehen aus den Gesprächen über die Lösungen der Detektive anspruchsvolle „Rechtschreibkonferenzen“, in denen die Kinder selbst ihre Entdeckungen explizit als Regeln oder Schreibstrategien formulieren (Ko-Konstruktion) und dokumentieren.

Zwei weitere Detektiv-Übungsvarianten waren in einigen unserer Klassen sehr beliebt. Dazu brauchen Sie eine ganz normale Schultafel (Klappmodell).

Variante 1:

Mehrere Kinder schreiben (freiwillig) für die anderen Kinder verdeckt auf der Rückseite der Klapptafel – gleichzeitig – ein bereits geübtes Kuckuckswort auswendig an die Tafel. Auf ein Signal hin wird die Tafel von den betreffenden Kindern gleichzeitig aufgeklappt und die Schreibweisen von den anderen Kindern als Detektive überprüft. „Noch nicht richtig geschrieben? Macht nichts! Beim nächsten Mal kannst du es bestimmt“, ist das Motto bei „Fehlern“.

Variante 2:

Sie ist besonders lustig und ebenso besonders beliebt. Hier wird das betreffende Wort von mehreren Kindern gleichzeitig mit geschlossenen Augen angeschrieben, diesmal natürlich sichtbar für alle übrigen Kinder. Köstliche Lacher begleiten diese speziellen Schreibaktionen.

Detektivaufträge stellen eine gute Vorbereitung für die bereits erwähnten anspruchsvolleren „speziellen Rechtschreibkonferenzen“ dar, in denen Kinder selbst ihre Entdeckungen explizit als Regeln oder Schreibstrategien formulieren (Ko-Konstruktion) und dokumentieren. Später können Sie in die anspruchsvolleren Varianten auch Grammatikabweichungen einbauen! Im

Übrigen entsprechen Detektivaufgaben genau den Erkenntnissen aus der Gehirnforschung über erfolgreiches Lernen: Es muss Freude (die Kinder sagen *SPAß*) machen!

Daher jetzt als Spezial: *Gute-Laune-Übungen!*

Prinzip 2: Arbeit mit „Gute-Laune-Übungen" (nachhaltiges Lernen)

Ja, Sie lesen richtig: „Gute-Laune-Übungen"! Das zweite Prinzip betont besonders die Gefühlsseite: *Rechtschreibübungen müssen gute Laune machen! „Joy to learn!"* (Hiebl / Schultheis 2016, 2017).

Wie die aktuelle Gehirnforschung (mit ihren MRT-Scans) zeigt, hat das Gefühl einen außerordentlichen Einfluss auf die Nachhaltigkeit von Lernprozessen. Alles das, was wir verbunden mit positiven Gefühlen lernen, wird besonders nachhaltig im Gehirn verankert. Zusätzlich ist es später als Wissen leichter abrufbar (Leyh 2012; Liebertz 2014; Spitzer 2006 / 2007; Roth 2001; Deci / Ryan 1993) als geübte Inhalte, die mit negativen Gefühlen wie Abwehr oder Angst verbunden gelernt wurden. Der Schweizer Kinderpsychologe, Urs Jaeggi, hat es in einem Buchtitel provokant deutlich „Angst macht dumm!" formuliert. Denn evolutionsbiologisch reagieren wir auf Angst hormonell mit Fluchtauslösern, die das Denken im Gehirn blockieren, damit körperlich eine Fluchtaktivität realisiert werden kann. (Spitzer 2006, Roth 2003, Deci / Ryan 1993, Spitta 2012, 2017, 2018). Mit anderen Worten: Spaß beim Üben der Rechtschreibung ist eine Voraussetzung für langanhaltenden Erfolg (Leibnitz-Institut für Neurobiologie Magdeburg 2016 / 2017, 2019).

Was ist zu tun?

Spaß entwickeln Kinder erfahrungsgemäß immer dann, wenn sie Übungen „gut finden", mit denen sie individuell, als Partner oder in der Gruppe / Klasse arbeiten. Bewährt hat es sich, wenn Sie in der Klasse über ein Set von unterschiedlichen „Lieblingsübungen" verfügen, aus denen die Kinder wählen können. Dafür ist es günstig, mit den Kindern immer wieder einmal zu besprechen, mit welchen der aktuellen Übungsvarianten sie warum besonders gut und gerne lernen. Meistens stehen bei den Kindern Übungen mit Spielcharakter ganz oben auf der Beliebtheitsliste. *Dabei ist es wichtig, gleich zu Beginn sowie erneut von Zeit zu Zeit mit den Kindern den Unterschied zwischen Spielen und Lernspielen zu besprechen.* Fragen Sie auch immer wieder einmal ganz direkt nach, was Ihre Kinder gerade bei einem bestimmten Spiel gelernt haben! *Genauso wichtig ist es, Eltern auf den qualitativen Unterschied zwischen Spielen und Lernspielen aufmerksam zu machen.*

In manchen Klassen hat es sich bewährt, die Kinder am Entwickeln von Übungsvarianten zu beteiligen. Der Vorteil davon ist, dass sich die Kinder vorab bereits schon einmal mit dem zu übenden Rechtschreibthema befassen. In jedem Fall ist es sinnvoll, Übungsmöglichkeiten gemeinsam mit den Kindern zu entwickeln bzw. abzusprechen. Es fördert die Identifikation mit der Aufgabe und dadurch gleichzeitig die Übungsbereitschaft. Selbstverständlich brauchen Sie nicht alle Übungen selbst oder gemeinsam neu zu erfinden! Inzwischen bieten kommerzielle Materialien viele spielerische Übungsvarianten zu diversen Rechtschreibthemen an, sodass Sie sich – nach kritischer Prüfung – eine Auswahl aus verschiedenen Angeboten als „Starterset" zusammenstellen können.

Praxisbeispiele: Rechtschreibpolizei und Blinde-Kuh-Schreiben

Interessanterweise können sich traditionelle Übungsformen plötzlich als effektiver „Hit" erweisen, wenn sie unter einem anderen Namen laufen, einem Namen, den Kinder „super" finden. Der neue Vorstellungs- bzw. Handlungsrahmen bietet Kindern eine frische Identifikationsmöglichkeit, was neue Übungsbereitschaft und Konzentration bewirken kann. Dazu ein Beispiel zur klassischen Methode Partnerarbeit.

In einer der Patenklassen, in denen ich kontinuierlich einmal die Woche unterrichtete, sollten im Laufe des 2. Schuljahres nach und nach wichtige Wörter aus dem Klassen- oder offiziellen Grundwortschatz geübt werden. Als Klassenziel galt, dass diese Wörter danach auch in freien Texten korrekt geschrieben werden müssen. Die ausgewählten Wörter wurden üblicherweise im bekannten Viererschritt (Lesen, Merken, Schreiben, Kontrollieren) erarbeitet:

- Lesen bedeutete bei uns, dass die Wörter gründlich auf besondere Schreibweisen sowie individuelle Merkstellen hin von den Kindern untersucht wurden.
- Entdeckte Regeln sollten verbalisiert und die Wörter strukturiert „gemerkt" werden.
- Danach folgte individuell das bewusste Einprägen der Schreibweise
- sowie dann die Kontrolle (meistens Partnerkontrolle).

Nun beobachteten wir bei der laufenden Partnerarbeit (ein Kind diktiert, das andere schreibt), dass die gegenseitige Kontrolle nur sehr mäßig funktionierte. Beim Üben jedoch ist die sofortige Korrektur – im Gegensatz zum frühen freien Schreiben – ein absolutes Muss! Schließlich geht es jetzt darum, die richtige Schreibweise fest im Gehirn zu verankern. Dieser Unterschied war durchaus besprochen worden, was aber nicht bei allen Kindern anhaltenden Erfolg zeigte.

Um die Qualität der aktuell ineffektiven Partnerarbeit zu erhöhen, suchten wir nach einer neuen Übungsvariante. Unsere Zielvorstellung war, dass das schreibende Kind bei einem (entstehenden) Fehler sofort ein Achtung-Signal, verbunden mit einem Hinweis durch den kontrollierenden Partner, erhalten würde. Uns war klar, dass ein übliches Klassengespräch mit den Kindern über die Probleme bei der Partnerarbeit keine nachhaltige Veränderung bewirken würde. Daher suchten wir gemeinsam mit den Kindern nach einer Idee.

Als Ergebnis entstand die Rechtschreibpolizei.

Mir war der Begriff nicht unbedingt sympathisch, weil ich sofort an „Knöllchen“ dachte, die Kinder aber waren begeistert. Sie fanden die Rechtschreibpolizei einfach nur „cool“. Im Rahmen der Wochenplanarbeit holten sich die Kinder nun für diese veränderte Partnerübung den Briefumschlag mit den sieben „Wörtern der Woche“ aus dem Grundwortschatzkasten bzw. mit den sieben für dieses Kind fest abgesprochenen Übungswörtern.

Geübt wurde wie im Kasten beschrieben.

Rechtschreibpolizei

Ein Kind – der „Polizist“ – diktiert dem schreibenden Kind das jeweilige Wort und verfolgt genau die Entstehung des Wortes. In dem Moment, in dem eine falsche Schreibweise auftaucht, sagt der Polizist sofort „Stopp!“ und erklärt dem Kind die richtige Schreibweise. Für den zweiten Durchgang wird getauscht und das bisher diktierende Kind bekommt die Wörter vom jetzigen „Polizisten“ diktiert. Wohl wegen der positiven Assoziationen zu *Polizist und Stopp* entwickelten die Kinder eine bemerkenswert stabile Übungsbereitschaft und arbeiteten mit Ernsthaftigkeit an ihren Wörtern (manche Paare benutzten bei uns zusätzlich *ein selbst gebasteltes Stoppschild*). War ein Wort mindestens fünfmal richtig geschrieben worden, galt dies als Erfolg, und das Kind konnte das Wort in sein persönliches ABC-Heft eintragen. Aus diesem ABC-Heft suchten sich die Kinder später selbst ihr Wortmaterial für individuelle Übungswiederholungen. Grundsätzlich ist es ratsam, die Kinder von Zeit zu Zeit daran zu erinnern, dass ein Polizist den Sachverhalt, also die korrekte Schreibweise, stets erklärt.

Eine weitere besonders beliebte Übungsvariante war bei uns das „echte / richtige“ Blinde-Kuh-Schreiben. Mehrere Kinder schreiben die zu übenden Wörter oder kurze Sätze *„mit echt verbundenen Augen“* an die Tafel. Sie brauchen also Schals oder Tücher dazu. Das macht den großen Reiz aus. Man kann dann eine Stecknadel fallen hören, so groß ist die Spannung! Die gemeinsame Kontrolle (inklusive Begründungen) macht dann richtig viel Spaß. Das Übertragen ins Heft geschieht danach von vielen Kindern auch eifrig „blind“. Allerdings galt dafür die Regel, dass „sehend“ kontrolliert wird, was bei uns nach einiger Zeit perfekt funktionierte.

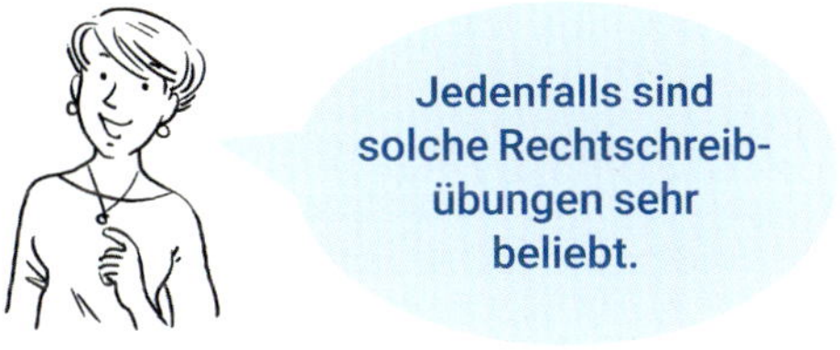

Prinzip 3: Übungsbereitschaft durch Erfolgsorientierung

Das dritte Prinzip bezieht sich auf die Entwicklung einer positiven Einstellung zum Üben, auf eine Haltung, die üblicherweise als Übungsbereitschaft bezeichnet wird. Sie kennen bestimmt den alten Lehrerspruch: *Ohne Übungsbereitschaft kein Lernen!* Sicher, das stimmt. Aber wie könnte ein Unterrichtssetting aussehen, in dem Übungsbereitschaft entsteht?

Die meisten Menschen kennen dieses Phänomen ja nur in der negativen Variante aus ihrem Alltag. Gerade haben Sie aus irgendeinem Grund eine ganze Seite aus einem Buch gelesen, das Sie eigentlich nicht interessiert, und stellen ernüchtert fest, dass Sie aber auch gar nichts von dem behalten haben, was Sie gerade gelesen haben. „Innerlich“ waren Sie nicht dabei, Sie waren mit Ihren Gedanken oder Gefühlen ganz woanders. Ihre Lesebereitschaft war nur formal, nicht aber innerlich vorhanden. Kindern ergeht es mit der Übungsbereitschaft genauso!

Eine große Rolle für die Entwicklung von Übungsbereitschaft spielt daher die Schaffung eines positiven Lernklimas. Es geht um eine Atmosphäre, die Kinder ermutigt, sich angstfrei und auf Erfolg orientiert mit der Rechtschreibung auseinanderzusetzen – es geht um die Basis, auf der sich Übungsbereitschaft entwickeln kann!

Was ist zu tun?

- Positiv wirkt sich ein Lernklima aus, in dem Fehler als normale (notwendige) Bestandteile jedes Lernprozesses angesehen werden. Da Angst neuronal Lernprozesse erschwert oder blockiert, ist es wichtig, Kindern den positiven Impuls von Fehlern zu vermitteln. Das Motto lautet: Fehler zeigen Kindern und Lehrkraft, was noch geübt werden muss.

Daher gilt:
Fehler sind unsere Freunde! (Jantzen)

- Sind die Übungen so angelegt, dass Kinder sich beim Üben Erfolgserlebnisse verschaffen können, wirkt das wie ein Energieschub auf die Übungsbereitschaft. Merken Kinder, dass ihr Rechtschreibtraining das Schreiben erleichtert, steigt die Übungsbereitschaft.

Daher gilt:
Erfolgserlebnisse geben dem Üben einen Energieschub!

- Feste Übungszeiten erleichtern es Kindern, sich auf das Üben einzustellen. Sie können in einem Gespräch mit Kindern klären, warum es sinnvoll ist, *die ersten 10 Minuten nach der großen Pause* zur täglichen *Übungszeit* zu machen. Ein solches zeitliches Ritual hat den Vorteil, dass Sie mit den Kindern gar nicht mehr über Übungszeiten zu reden brauchen. Die innere Erwartungshaltung der Kinder signalisiert dann schon: Üben ist jetzt „dran“ – Punkt!

Daher gilt:
Feste Übungsrituale erhöhen die Übungsbereitschaft!

- Manchen Kindern erleichtert auch ein Begriffswechsel das Üben. Sprechen Sie von *„Trainingszeiten"* statt vom Üben, vom *„Rechtschreibtraining"* statt von Rechtschreibübungen, finden viele Kinder einen positiven Zugang zum Üben. Schließlich wird beim Fußball für den Erfolg auch regelmäßig trainiert.

> Daher gilt:
> Wir trainieren – wie erfolgreiche Fußballer/-innen!

- Zum Schluss geht es um die wohl grundlegendste Voraussetzung, um Übungsbereitschaft zu wecken, und die betrifft Sie ganz persönlich! Wenn Sie selbst die Vorteile einer geregelten Orthografie wertschätzen, also die damit verbundene Lese-/Schreiberleichterung, wirkt sich Ihre positive Einstellung automatisch lernfördernd aus: Sie stellen ja für Kinder mit Ihrer Einstellung zur Rechtschreibung ein Vorbild dar.

> Daher gilt: Mit Ihrer positiven Einstellung zur Rechtschreibung erhöhen Sie die kindliche Übungsbereitschaft.

Praxisbeispiel 1: Positives orthografisches Milieu fördert Übungsbereitschaft

Was kennzeichnet ein positives orthografisches Milieu?

Ein positives orthografisches Milieu zeichnet sich einerseits durch ein Lernklima aus, in dem der Rechtschreibung ganz selbstverständlich ein positiver Stellenwert zukommt. „Rechtschreibung ist O. K.", sagen Kinder dann. Andere finden „Rechtschreibung ist cool", oder auch nüchtern: „Rechtschreibung muss sein."

Andererseits beschreibt es ein Unterrichtsklima, in dem Rechtschreiben als durchschaubar, das heißt als erlernbar erlebt und teilweise als Schreiberleichterung erfahren wird. Entsteht in einer Klasse „ein positives orthografisches Milieu“, wirkt sich diese Atmosphäre bemerkenswert günstig auf die Lern-/Übungsbereitschaft sowie Reflexionsbereitschaft der Kinder aus sowie auch auf ihre Reflexionsbereitschaft.

Das folgende *Unterrichtsbeispiel* stammt aus einer Klasse, in der ich selbst regelmäßig einmal die Woche unterrichten oder auch krankheitsbedingt einspringen durfte. Das positive orthografische Milieu entstand hier durch ein Unterrichtsritual mit dem Namen: das Eisberg-Ritual, das es den Kindern ermöglichte, sich jederzeit angstfrei über ihre aktuellen (richtigen oder falschen) *Rechtschreibstrategien austauschen* zu können *(Ko-Konstruktion von Regeln).*

Das Eisberg-Ritual

In dieser Patenklasse konnte ich erleben, wie durch die Einführung eines einfachen Rituals – das Eisberg-Ritual – eine solch positive Rechtschreibatmosphäre entstand. Die Klassenlehrerin hatte das Eisberg-Ritual eingeführt und mithilfe dieses Rituals besprachen die Kinder in der Klasse ganz selbstverständlich, angstfrei und ernsthaft aktuelle Rechtschreibfragen.

Aus der eher individuellen inneren Regelkonstruktion im 1. Schuljahr entstanden so im 2./3./4. Schuljahr kontinuierlich Gesprächssituationen, in denen die Kinder sich mit ihrem persönlichen Rechtschreibwissen gegenseitig unterstützen *(Gehirnforschung: Ko-Konstruktion).* Das Arbeiten mit dem Eisbergritual zur gemeinsamen Eroberung von Rechtschreibregeln war den Kindern dieser Klasse nach einiger Zeit so selbstverständlich, dass sie dieses Reflexionsverhalten auch in meinem Gastunterricht automatisch praktizierten.

Hier nun der Ablauf des Eisbergrituals in der Praxis:

Das Eisberg-Ritual

In der Klasse der Lehrerin wurde im Unterricht auf folgende Weise gearbeitet: Wann immer Kindern – rechtschreibbezogen – beim individuellen Schreiben im Heft oder an der Tafel etwas Wichtiges, eine neue Entdeckung, eine Besonderheit auffiel, konnten sie mit dem Ausruf: *„1, 2, 3 – Eisblock!!!“* die Aktivitäten der ganzen Klasse unterbrechen: um dann ihre Entdeckung, ihre Erkenntnis den anderen Kindern mitzuteilen.

Eisblock bedeutete tatsächlich: Augenblicklich lassen alle Kinder die aktuelle Arbeit fallen und schauen – wie zum Eisblock eingefroren – zu dem sprechenden Kind! Dieses „verkündet“ zum Beispiel sogleich eine Rechtschreibentdeckung, stellt vielleicht eine Frage zur Rechtschreibung oder aber weist auf ein spezielles Phänomen hin oder, oder, oder … Danach können andere Kinder der Klasse Stellung zu der Äußerung nehmen, indem sie sich melden (zum Beispiel bestätigen, ergänzen, korrigieren, nachfragen, erklären). Dazu aufgerufen werden sie natürlich von dem „Eisberg-Kind“. Ist das „Thema erledigt“, verkündet das Eisberg-Kind: *„Eisberg geschmolzen!“*, und die Kinder fahren mit ihrer Arbeit fort.

So ergaben sich in dieser Klasse regelmäßig mitten im Unterrichtsgeschehen kurze von Kindern initiierte Reflexionsgespräche (Ko-Konstruktionen) über aktuelle Rechtschreibphänomene. Eine Voraussetzung für dieses Verfahren ist, dass in der Klasse ein gutes Miteinander herrscht, bei dem „Fehler“ nicht einem Kind als Versagen angelastet, sondern als Lernchance für alle angesehen werden, entsprechend dem Prinzip: Fehler sind unsere Freunde.

Hier ein Beispiel aus der Zeit, in der ich eine Weile als Ersatzlehrerin in dieser 2. Klasse arbeitete.

Dominik und das Eisbergritual

Um die Neugier der Kinder zu wecken, begann ich die Unterrichtsstunde wortlos mit einer Tafelanschrift.

Kaum hatte ich das Wort *Fahrrad* an die Tafel geschrieben, eröffnete Dominik schon das Gespräch mit dem Ritual, in dem er deutlich rief: „1, 2, 3 – EISBERG!“, und mir dann erklärte: „Frau Spitta, du hast bei *Fahrrad* einen Fehler gemacht. Das ist falsch. Da hört man nur ein ‚r‘ in der Mitte!“

Spontan meldeten sich drei andere Kinder. Das erste erklärte: „Das kann man nicht hören! Das kommt von *fahren* und *Rad*. Also zwei ‚r‘ in der Mitte.“ – „Ach so!“, war die knappe Antwort von Dominik, der Eisberg wurde „geschmolzen“, und für Dominik war es so vollkommen in Ordnung. In ähnlichen Fällen wurde auch gefragt: Warum hat mir das noch niemand erklärt?

Beeindruckend für mich zu beobachten war immer wieder, wie problemlos Kinder von Erklärungen anderer Kinder profitierten bzw. ganz selbstverständlich damit umgingen.

Unterrichtsbeispiel: Übungsbereitschaft durch Üben für ein spezielles Ziel

Nicht immer müssen es Spiele sein, um Übungsbereitschaft zu bewirken. Auch Lernanlässe, mit einem für Kinder einsichtigen Vorgehen und Ziel, können hohe Übungsbereitschaft wecken.

Das folgende Beispiel stammt aktuell aus einer 4. Klasse aus einem der Bremer (Schul-)Bezirke mit einem sehr hohen Anteil an bildungsfern aufgewachsenen Kindern sowie Kindern anderer Muttersprache. Dem Klassenlehrer, Jan Haries, ging es darum zu Beginn des Schuljahres, die Kinder wieder einmal ganz praktisch erfahren zu lassen, wie positiv sich das Üben der Rechtschreibung auswirken kann. Er schlug der Klasse vor, *ein „Rechtschreibexperiment“* zu machen. Die Kinder stimmten zu.

Rechtschreibexperiment Teil 1:

Herr Haries erklärte den Kindern, dass sie in der nächsten Stunde ein „unbekanntes Diktat“ schreiben würden.

Er würde das Diktat „korrigieren“ und sofort am nächsten Tag den Kindern zurückgeben, damit sie ihre Leistung selbst anschauen und einschätzen könnten. Natürlich ohne Zensur!!!

Die Kinder hätten dann eine Woche Zeit, die Wörter, die ihnen Probleme gemacht hätten, in der freien Lernzeit zu üben.

Danach würde das Diktat noch einmal geschrieben werden, damit sie sehen könnten, ob sich das Üben gelohnt hätte.

Eine wunderbare Idee, Übungsbereitschaft durch Erfahrung bzw. Einsicht zu aktivieren: So konnten die Kinder zunächst die Auswirkungen eines kurzfristigen Übens speziell auf das Schreiben eines Diktates hin testen.

Wie lief das Experiment ab?

Das Diktat wurde geschrieben, Herr Haries korrigierte, am nächsten Schultag bekamen die Kinder das Diktat zurück. Und dann – dann herrschte erst einmal gespannte Stille. Mit einer gewissen Beklommenheit „scannten“ sie ihren Text und nahmen die vielen Fehler wahr. Einige Kinder schluckten sogar. Damit hatten sie nicht gerechnet. Herr Haries „entspannte“ die Kinder, indem er sie daran erinnerte, dass dies ein Experiment sei und dass die Fehler zu erwarten gewesen und ganz normal seien, dass auch Erwachsene bei einem solchen Text nicht gleich alles richtig schreiben könnten und manchmal erst im Wörterbuch nachschlagen müssten. „Leute," sagte er, „jetzt wird es doch erst richtig spannend! Ihr habt jetzt eine ganze Woche Zeit, eure schwierigen Stellen, eure eigenen Lernwörter – in der freien Lernzeit – zu üben! Mal sehen, wie es dann aussieht. Ich bin sicher, ihr macht dann im Diktat viel weniger Fehler!", ermutigte er die Kinder. „Also los!"

Die Kinder kannten bestimmte Übungsrituale für das Arbeiten in der freien Lernzeit. Der Diktattext, ein märchenartiger Text über einen Feuerdrachen, der den Menschen beim Feuermachen half, war „nicht ohne". In der Sprache der Kinder bedeutete dies: Er hatte viele „Knackwörter", also schwierige Wörter wie *Kienspäne, wiederhergestellt,* der *Dienst.*

Wieder herrschte Hochspannung! Dann kam die große Erleichterung: Alle Kinder hatten diesmal die meisten ihrer eigenen Übungswörter tatsächlich korrekt geschrieben! Sicher, noch nicht alle Wörter waren vollkommen richtig, aber der Erfolg war (zumindest kurzfristig) riesengroß. Stolz blickten die Kinder auf ihren Text, der jetzt so viel besser aussah! Dabei hatten diejenigen Kinder der Klasse, deren schulische Aktivitäten häuslich unterstützt wurden, etwas besser abgeschnitten. Das Experiment ging allerdings noch weiter.

Rechtschreibexperiment Teil 2

Nach einigen Wochen erklärte Herr Haries den Kindern überraschend, dass sie das Diktat heute noch ein drittes Mal schreiben würden.

Denn dann könnten sie feststellen, welche Schreibweisen sie so gut geübt hätten, dass sie „schon richtig fest im Gehirn hockten", und welche ihrer persönlichen Wörter sie wohl besser in der freien Lernzeit noch ein paar Mal üben sollten.

Wieder waren die Kinder sehr aufgeregt und Herr Haries ziemlich neugierig, wie das ausgehen würde. Am nächsten Tag, er hatte die Diktate am Nachmittag natürlich sofort korrigiert, herrschte erneut große Spannung. Alle Diktate waren tatsächlich deutlich besser geworden als beim ersten Mal! Allerdings gab es auch ein überraschendes Ergebnis: Die Diktate derjenigen Kinder, die ohne häusliche Unterstützung hatten auskommen müssen und in der Schule während der Übungswoche täglich in der freien Lernzeit engagiert geübt hatten, wiesen diesmal weniger Fehler auf! Und nicht nur das, sondern auch weniger Fehler als die Diktate der häuslich unterstützten Kinder. Diese hatten, so Herr Haries, das Üben in der Schule nicht so ernsthaft bzw. regelmäßig praktiziert. Ein guter Anlass, erneut mit den Kindern darüber zu sprechen, wie gute Übungsrituale zum Erfolg führen können.

Selbstverständlich ist dies ein klassenbezogenes, subjektives Ergebnis. Ein bemerkenswertes und für die Kinder der Klasse wichtiges Ergebnis allemal.

Prinzip 4: „Echte Projekte“ schaffen Leistungsbereitschaft

Das vierte Prinzip bezieht sich auf „echte Schreibanlässe“, also Projekte in der Realität, in denen durch Schreiben etwas erreicht oder bewirkt werden soll. Wenn Sie mit den Kindern zusammen Projektideen entwickeln und gemeinsam mit ihnen deren Umsetzung planen, entstehen natürlich keine reinen „Deutschprojekte“, sondern fächerintegrierende Vorhaben. Für das Gelingen solcher Projekte kann das Schreiben und damit die Orthografie von großer Bedeutung sein. Kinder erfahren auf diese Weise „hautnah“, wie wichtig Rechtschreibung für den Erfolg ihres Projektes sein kann.

Es können Schreibaktivitäten für große Projekte sein – wie die Anschaffung eines Aquariums für die Klasse – mit zu begründender Auswahl der Fische sowie eines Kosten- und Pflegeplans. Oder Planungen für kleine Projekte wie die Vorbereitung eines Zoobesuches. Die Kinder stellen dafür einen eigenen „Zooführer“ zu denjenigen Lieblingstieren her, die sie unbedingt „besuchen“ wollen. In jedem Fall ergeben sich dabei vor- sowie nachbereitende Recherche- und Schreibaktivitäten.

Praxisbeispiel: Thema „Feuer“

In einer 2. Klasse in Kassel hatte ich das Glück, bei einer Projektplanung und der Realisierung des Vorhabens hospitieren zu können. Mitte des 2. Schuljahres war das am meisten gewünschte Projektthema: das *„Feuer“*. Hintergrund für das Projekt „Feuer“ war einerseits die Faszination von Feuer sowie andererseits die Angst der Kinder davor. So standen auf der gemeinsamen *Planungsliste der Kinder* Wünsche wie:

- Gefahren durch Feuer wie Waldbrände ,
- Gefahren im Haus,
- Lernen, mit Streichhölzern umzugehen,
- Feuermachen wie in der Steinzeit,
- Üben, Kerzen anzuzünden,
- Feuerwehr besuchen und
- Feuerwehr anrufen üben.

Gemeinsam mit den Kindern wurde ein Flussdiagramm zum Projektablauf erarbeitet und an der Tafel festgehalten. In welcher Reihenfolge die einzelnen Unterthemen des Projektes dann von den Kindern bearbeitet werden sollten, konnten sie teils selbst entscheiden, teils war der Zeitrahmen festgelegt, wie zum Beispiel beim Besuch der *Feuerwehr.* Zur Kontrolle hatte jedes Kind diesen Ablaufplan auf seinem Tisch, sodass es die erfolgreiche Bearbeitung der Teilschritte „dokumentieren“ oder „abhaken“ konnte.

Der wichtige Besuch bei der (städtischen) Feuerwehr sollte besonders gut vorbereitet werden. Dafür sammelten Kindergruppen Fragen, die sie in Interviews den Feuerwehrleuten stellen wollten und die natürlich aufgeschrieben und in der späteren Reinschrift orthografisch korrekt sein mussten. Denn der fehlerfrei geschriebene Fragenkatalog sollte den Feuerwehrleuten anschließend geschenkt werden. Pro Kindergruppe waren drei bis maximal fünf Fragen der Standard. Damit alle Kindergruppen beim Besuch der Feuerwehr ihre „wichtigen“ Fragen für die Interviews auch gut leserlich parat hatten, gab es das Angebot, den eigenen „Fragenkatalog“ in der Endfassung von der Lehrerin ausdrucken zu lassen. Ist ein PC mit einem guten Schreibprogramm in der Klasse vorhanden, könnten andere Kindergruppen die Fragen selbst auf dem PC schreiben wollen.

Besonders spannend waren für die Kinder Fragen nach Aufgaben, Ausrüstung, Einsätzen, Kommunikation, Dienstzeiten sowie zu den persönlichen Erfahrungen der Feuerwehrleute. Ganz besonders interessierte die Kinder, ob die Feuerwehrleute schon einmal Tiere oder Kinder gerettet hätten, ob sie Atemmasken tragen mussten, wie hoch eine Feuerwehrleiter sei, ob sie selbst schon einmal in Gefahr geraten sein usw.

Wenn Sie Projekte mit Ihren Kindern *gemeinsam planen,* dann auch gemeinsam per Abstimmung das Thema beschließen sowie gemeinsam die Ziele verabreden und auch die Kinder an der methodischen Planung beteiligen, werden Sie schnell bemerken, dass Ihre Kinder mit großem Engagement arbeiten. Es ist jetzt „ihr Projekt“, also ihr eigenes Interesse, ihre selbst gesetzten Ziele zu erreichen. Dadurch, dass sie sich „ernst genommen“ fühlen, entwickeln sie *eine besondere Arbeitsmotivation!*

Lernpsychologen bezeichnen dieses Phänomen als **intrinsische Motivation,** also als kraftvolles, eigenständiges inneres Bestreben einer Person, ein selbst gesetztes Ziel zu erreichen.

Intrinsische Motivation wirkt wie *ein starker Lernmotor, ein innerer Lernstimulus, der Begeisterung, Anstrengungswillen, Übungsbereitschaft und Durchhaltevermögen für das Erreichen der eigenen Ziele bewirkt!* Und das gilt auch für die Beachtung der Rechtschreibung, hier also bei den im Projekt zu erstellenden „Schriftstücken" wie Fragenkatalogen, Anschreiben, Dokumentationen für eine Wandzeitung, Elternbriefe usw. Darüber hinaus werden die Kinder nicht nur in ihrer Lernentwicklung gefördert, sondern ebenfalls in dem Prozess unterstützt, *sich selbst zu einer starken Persönlichkeit zu entwickeln.* Erfolgreich gemeinsam ein klasseneigenes Projekt durchgeführt zu haben, ermöglicht der kindlichen Persönlichkeit die Erfahrung von Selbstwirksamkeit, wie der Fachbegriff dazu in der Lernforschung heißt. In der psychosozialen Arbeit spricht man in diesem Zusammenhang von Self-Empowerment.

Selbstwirksamkeit / Self-Empowerment
wird beschrieben als eine erworbene bzw. erlernte innere Gewissheit, angestrebte Ziele oder Handlungen mit eigenen Kräften (Kompetenzen) erfolgreich erreichen zu können. Erfahrene Selbstwirksamkeit erzeugt eine Art optimistischer Leistungs- bzw. Erfolgserwartung wie: Ich schaffe das! Eine solche innere Haltung führt dazu, dass Menschen, selbstverständlich auch Kinder, schwierige Aufgaben oder anspruchsvolle Herausforderungen mit größerer Ausdauer, Anstrengungsbereitschaft sowie einer höheren Frustrationstoleranz angehen (Bandura 1997; Rosenthal / Jacobson 1983; Schwarzer / Jerusalem 2003). Wenn Ihre Kinder Selbstwirksamkeit erfahren können, wirkt dies als Ansporn für weiteres Lernen!

Praxisbeispiel: Ein Klassenlesebuch mit eigenen Texten verkaufen!

Wenn Sie in Ihrer Klasse mit freien Texten plus Schreibkonferenzen arbeiten, gehört stets als letzter Schritt bei jeder Konferenz dazu, dass die Konferenzkinder gemeinsam die Rechtschreibung überprüfen. Das machen sie nicht immer gerne. Bestimmte Situationen rufen jedoch den Wunsch nach einer Kontrolle der Rechtschreibung in den Kindern selbst hervor. Viele Kinder wissen unterschwellig durchaus um die soziale Bedeutung der Rechtschreibung, auch ohne dass diese Bewertung im Unterricht groß hätte Gesprächsthema sein müssen.

Der Wunsch nach „richtiger Rechtschreibung" entsteht bei Kindern spätestens dann, wenn ihre Texte „veröffentlicht" werden sollen. Selbstverständlich gilt ohnehin die allgemeine Regel, dass fertige Kindertexte, die in speziellen „Klassenlesebüchern" den Kindern zum Lesen zur Verfügung stehen, korrekt verschriftet sein müssen.

Aber etwas ganz anderes ist es, wenn Kinder im Rahmen eines Projektes *ihre Texte einer „Öffentlichkeit präsentieren"* werden (Elternversammlung, Schulfest Weihnachtsbasar, Textausstellung im Schulflur und so weiter) und als Buch verkaufen wollen! In solchen Momenten, ist die Motivation der Kinder, ihren eigenen Text „richtig zu schreiben" selbstverständlich außerordentlich hoch: *„Da muss alles richtig sein!"* (Originalzitat der Kinder). Diese Haltung überträgt sich im Übrigen nach und nach auch auf diejenigen Kinder, denen diese Einstellung bis dahin noch fremd war.

Für eine solche Veröffentlichung durchlaufen Texte dann eine festgelegte Folge von Arbeitsschritten:

- Die Texte – zumeist entstanden im Rahmen von freier Arbeit oder gemeinsamer Projektplanung – werden am Ende einer „Schreibkonferenz" durch die Kinder selbst in Bezug auf die Rechtschreibung kontrolliert.
- Danach werden sie noch einmal durch Sie als Lehrkraft mit Bezug auf die Rechtschreibung „endkontrolliert".
- Im Anschluss daran machen die Kinder ihre Texte „veröffentlichungsreif". Das heißt, sie korrigieren letzte Normabweichungen und gestalten ihre Texte grafisch ansprechend (Bilder, Schmuckborten usw.).

Textausstellungen, kombiniert mit „Dichterlesungen" aus den Texten der Kinder sind etwas ganz Besonderes und Aufregendes! Solche „Dichterlesungen" in der eigenen Klasse, vor den Eltern, vor anderen Klassen, bei Vorlesestunden in Kinderbibliotheken (sehr aufregend) oder zum Verkauf auf dem *Weihnachts- bzw. Osterbasar,* stellen stets, auch rechtschreibmäßig, ein besonderes „Highlight" dar.

Was sagte Deniz, ein türkischer Junge, am Ende einer solchen Dichterlesung zu den speziellen Vorzügen der Arbeit mit Schreibkonferenzen? „Ich finde die Schreibkonferenzen schön, weil ich da die Fehler herausfinden kann."

17 Häufige Fragen aus der Praxis

17.1 Sind Eselsbrücken sinnvoll?

Die meisten Großmütter wussten es intuitiv: Eselsbrücken sind ein besonders gehirnfreundliches Mittel, um Rechtschreibregeln im Gehirn fest zu verankern. Und sie sind darüber hinaus bei Bedarf leicht abzurufen. Warum?

Ein großer Vorteil der Arbeit mit Eselsbrücken liegt darin, dass hier Informationen über vielfältige Assoziationen, also „mehrkanalig", im Gehirn abgespeichert werden. Eselsbrücken können sich beim Speichern gleichzeitig mit verschiedenen Gehirnarealen verbinden, was das Erinnern bzw. Abrufen von Informationen, zum Beispiel Regeln, einfacher macht. Die Speicherung kann synchron über die Reimform, den Rhythmus, den Klang, die Motorik sowie den Humor erfolgen. Dabei werden unter anderem das visuelle, das akustische, das prosodische und das emotionale Gedächtnis simultan aktiviert. Leider sind viele dieser effektiven Eselsbrücken heutzutage unbekannt. Daher hier eine kleine Sammlung.

Eine „uralte", extrem einfache Eselsbrücke erleichtert es Kindern, sich die Vokale auf sinnstiftende Weise zu merken. Neben dem „Klangerlebnis" wirkt sie durch die dazugehörige „Mundmotorik" (begleitende Mundbewegung) besonders effektiv.

A – E – I – O – U,
der Mund geht immer weiter zu.

Im Sinne einer „Wortspielerei" kommt diese uralte Eselsbrücke humorvoll und dabei außerordentlich wirksam daher, um einen – auch bei Erwachsenen – beliebten Fehler zu verhindern.

Gar nicht wird gar nicht zusammengeschrieben!

Zu den hilfreichen „Wortspielereien" gehört auch diese Eselsbrücke:

Ein bisschen wird – kein bisschen großgeschrieben.

Nicht immer sind Eselsbrücken „politisch“ korrekt, aber trotzdem hilfreich:

Wer *nämlich* mit *h* schreibt, ist dämlich!

Über den Inhalt kann man dann ja zu gegebener Zeit einmal „genderbezogen“ diskutieren.

Manche der Eselsbrücken, wie dieser kurze, präzise Reim, verhindern durch ihre große Reichweite so manchen Fehler:

Nach *l m n r*, das merke ja, steht nie *tz* und nie *ck*.

Beispiele: *Arzt, Quark, Marke, Murks, Schurke, Borke, Wolke, Bank, Kork* …
Achtung, die sogenannte *Quartz-Uhr* ist durch Unwissenheit eines Werbegrafikers entstanden, der den schönen Spruch offensichtlich nicht kannte. Neuere Prospekte renommierter Firmen schreiben inzwischen *Quarzuhr*!

Für die Entscheidung, ob Groß- oder Kleinschreibung von Verben, kann diese Eselsbrücke „befragt“ werden:

Nach *am, beim, vom, zum,*
ich weiß auch warum,
werden alle Verben (Tuwörter) großgeschrieben.

Natürlich ist es nützlich, dann auch die ursprüngliche „Langform“ einmal zu erproben, durch die sich die Großschreibung erklärt.

Jeden Dienstag gehe ich zum (zu dem) Schwimmen.
Beim (bei dem) Rennen komme ich immer aus der Puste.

Wenn sie mit der folgenden Eselsbrücke vertraut sind, identifizieren Kinder bestimmte Wörter wegen ihrer speziellen Endsilbe schnell als Nomen (Hauptwörter).

Steht am Ende *-ung, -heit, -keit, -nis,*
ist die Großschreibung dir gewiss.
(Heiterkeit, Faulheit, Zeugnis, Übung …)

Bei speziellen Problemen, die nur in manchen Klassen auftauchen, hier eine Eselsbrücke aus einer 4. Klasse:

Seit meint die „Zeit“: Seit einer Woche habe ich Ferien.
Aber: „*Seid* ihr alle da?“, fragt der Kaspar und meint die Menschen.

Die folgende Eselsbrücke ist schon ziemlich speziell! Ihre Bedeutung ist durch den täglichen, vor allem mündlichen Sprachgebrauch (Umgangssprache) nur noch in der Schriftsprache wichtig:

Wer *brauchen* ohne *zu* gebraucht,
braucht *brauchen* gar nicht zu gebrauchen.

Manche Eselsbrücken haben einen makabren Anstrich, sind trotzdem nützlich. Weit verbreitet ist zum Beispiel die Auffassung, dass *scheinbar* und *anscheinend* die gleiche Bedeutung hätten. Das könnte Ärger geben. Denn: *scheinbar tot* bedeutet: die Person sieht wie tot aus, lebt aber wohl doch noch! Ist dagegen eine Person *anscheinend tot* ist diese Person ziemlich sicher wirklich tot.

Bei Bedarf reicht für Kinder als Merkhilfe einfach:

Der Apfel ist scheinbar faul, sieht aber wohl nur so aus.
Der Apfel ist anscheinend faul, den solltest du nicht mehr essen.

Eine gute Idee ist es, bei speziellen Problemfällen mit den Kindern selbst eine Eselsbrücke zu erfinden, wie Christa Erichson berichtet: Die „klasseneigene Eselsbrücke" zum Entscheiden, ob ein Wort mit oder ohne Dehnungs-*h* geschrieben wird:

Wenn einer in der Familie den „*h*-Tick" hat,
haben ihn alle in der Familie

passt perfekt zur Arbeit mit dem „Wortfamilienprinzip" (Morphemkonstanz):

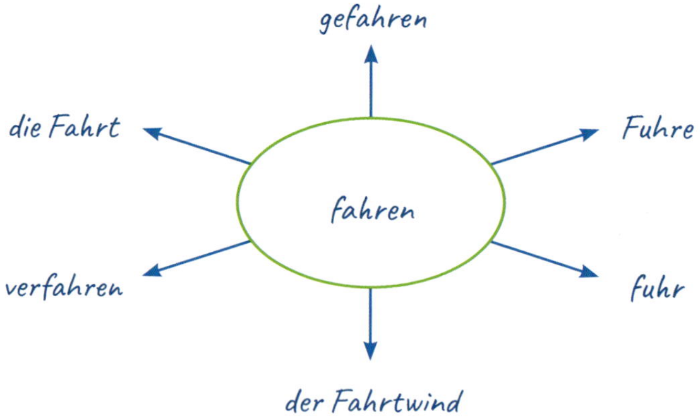

17.2 Diktate – die Lieblingsmethode vieler Eltern

Das Schreiben von geübten Diktaten besitzt in vielen Grundschulen im Deutschunterricht einen einzigartigen Stellenwert. Diktate sind sowohl für Kinder als auch für Eltern emotional hoch besetzt. Ein Teil der Kinder liebt das Schreiben von Diktaten als Möglichkeit, gute Zensuren einzuheimsen. Einem anderen Teil der Kinder graut vor Diktaten, da sie immer und immer wieder nur Misserfolge bestätigt bekommen. Und für viele Eltern signalisiert das Schreiben von Diktaten noch immer: Hier findet guter Rechtschreibunterricht statt. Viele Eltern beklagen sich aber zugleich darüber, dass ihr Kind in Aufsätzen und beim Schreiben von Urlaubskarten so viele Fehler mache, „wo es doch in Diktaten nur Einsen und Zweien nach Hause bringt“ (Originalzitat). Erstaunlicherweise sehen sie nicht, dass unter Umständen genau die übliche Diktatpraxis ursächlich für die unzulängliche Rechtschreibkompetenz sein könnte.

Die außerordentlich positive Bewertung der Diktatpraxis verwundert jedoch nicht, blickt diese spezielle Methode doch auf eine besonders lange Schultradition zurück: Das „Diktatschreiben“ hat seinen Ursprung in den Schreibschulen des Mittelalters! Zu dieser Zeit entsprach dieses Vorgehen den in der Zeit üblichen Zielvorstellungen: Schreibschüler sollten ausschließlich abschreiben oder nach Diktat schreiben können.

Die Zielvorstellungen (Kompetenzanforderungen) für Grundschulkinder in Bezug auf die Fähigkeit zur schriftlichen Kommunikation sehen heute allerdings radikal anders aus. Schriftliche Kommunikation im „Digitalzeitalter“ setzt generell ein vielfältigeres und umfassenderes Fähigkeitenbündel voraus, als es das Bild vom „Schreiben nach Diktat“ suggeriert.

Die gängige Diktatpraxis fördert naturgemäß primär eine einzige und dazu nicht besonders zielführende Lernstrategie, nämlich das Auswendiglernen von Schreibweisen, und zwar zum „Ausspucken auf Befehl“ – im Diktat. Auch wenn selbstverständlich bei der Diktatvorbereitung „schwierige Wörter besprochen“ werden, steht das Auswendiglernen der Schreibweisen im Vordergrund. Denn im Ernstfall – beim Diktat – müssen die Wörter sofort aus dem Gedächtnis reproduziert („ausgespuckt“) werden. Darum geht es.

Dass dieses Vorgehen bei einem Wortbestand der Alltagssprache von 300.000 Wörtern eine aussichtslose Angelegenheit ist, leuchtet sofort ein. Schon das Auswendiglernen von 1000 Wörtern eines typischen schulischen Grundwortschatzes gelingt nicht, zumal selbstverständlich Flexions- und Konjugationsformen sowie grammatisch bzw. syntaktisch bedingte Veränderungen innerhalb der Satzstruktur die Schreibweise eines Wortes verändern können.

Schreib-/Rechtschreibkompetenz als schriftliche Kommunikation umfasst viel mehr als Wörter abspeichern – es ist ein hochkomplexer mentaler und emotionaler Prozess! Er setzt voraus, dass ich mental und konkret beim Scheiben mit grundlegenden Schreibstrategien jonglieren kann. „Jonglieren“ bedeutet: typische Schreibstrategien, je nach Bedarf, gleichzeitig oder hintereinander zielgerecht einsetzen zu können.

Denn während eines Schreibvorganges gilt es, neben der emotionalen Seite mindestens

- *inhaltliche Kompetenzen* zu aktivieren: was will ich überhaupt sagen;
- *sprachbezogene Fähigkeiten* einzusetzen: Grammatik, Syntax, Textwissen;
- auf *rechtschreibstrategische Kenntnisse und Routinen* zurückzugreifen;
- sowie über *Kontrollroutinen* zu verfügen.

Und genau hier – in der Berücksichtigung der Komplexität des Schreibprozesses von Schulbeginn an – erweist sich die große Stärke des Konzeptes gehirnfreundlichen Rechtschreibenlernens.

Denn mit dem frühen freien Schreiben und der Gegenüberstellung von Kinder- und Erwachsenenschrift bzw. später in der Schreibkonferenzenarbeit erwerben Kinder von Beginn an den Prozess des Schreibens als Kommunikationsform. Gleichzeitig steht mit der Gegenüberstellung von Kinder-/Erwachsenenschreibweise die Rechtschreibung ganz funktional in ihrer dienenden Funktion von Anfang an im Fokus des Lernens. Aus ihrem kindlichen Kommunikationsbedürfnis heraus erwerben Kinder hier nicht nur Textkompetenz, sondern auch Rechtschreibkompetenz! Da die Kinder sich im Vorlesekreis vorlesend mitteilen und mit „ihrer Seite“ zum Beispiel im Buch *Das haben wir geschrieben, Klasse 1/2 B* stehen wollen, steht die Rechtschreibung für die Kinder als Zielmarke von Schulbeginn an außer Frage.

Textentwicklung eines Mädchens im Laufe von Klasse 1

Textentwicklung eines Jungen
im Laufe von Klasse 1

Die abgebildeten, von Kindern im Laufe des 1. Schuljahres geschriebenen Texte legen Zeugnis davon ab, wie Kinder sich in einer schulisch anregenden Sprachumgebung die verschiedenen Dimensionen des Schreibprozesses nach und nach aneignen.

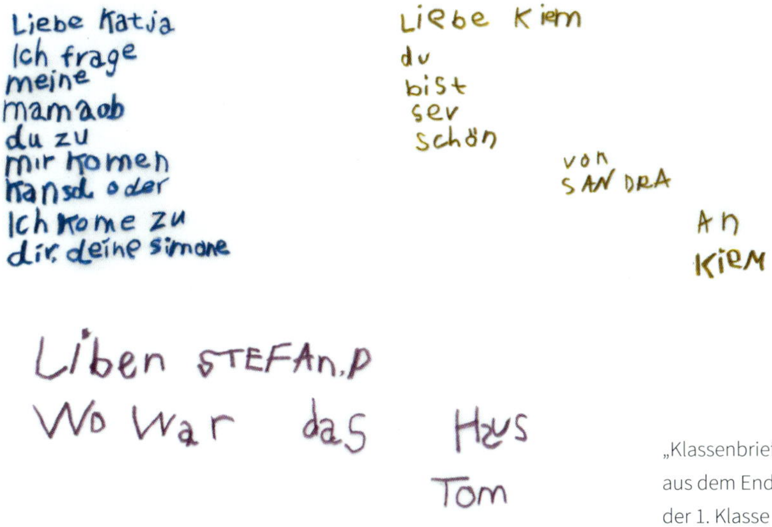

„Klassenbriefe"
aus dem Ende
der 1. Klasse

Wenn Kinder am Ende des 1. Schuljahres über das Projekt „Klassenbriefkasten für geheime Briefe" an andere Kinder der Klasse kurze Briefe schreiben (bitte richtige Briefumschläge bereitstellen, Leerung und Schreibzeit jeweils gegen Ende der letzten Stunde!), zeigen diese Briefe, dass sie nicht nur Schreiben als Ausdruck schriftlicher Kommunikation erfahren bzw. erprobt und erste Formen von Textkompetenz entwickelt haben, sondern sich ebenso basale Rechtschreibkompetenzen aneignen konnten.

17.3 Bei uns sind Diktate verbindlich! Was kann ich tun?

Es ist so, in manchen Schul- bzw. Rahmenplänen werden Diktate verbindlich gefordert. Was tun?

Eine einfache und zugleich produktive Lösung stellen die sogenannten Eigen- oder Selbstdiktate dar. Denn hierbei wird das selbstständige Verfassen eines (Kurz-)Textes direkt mit der Aufmerksamkeit auf die Rechtschreibung verbunden. Eigendiktate können locker bereits ab Ende 1./Mitte 2. Schuljahr (oder sogar früher) auf einem entsprechend einfachen Niveau eingesetzt werden. Von Schuljahr zu Schuljahr bzw. individuell gestaltet erhöht sich dann das Anspruchsniveau.

Im 2. Schuljahr schreiben die Kinder zum Beispiel alle zwei, drei Wochen frei oder im Rahmen eines aktuellen Sachthemas alle Wörter auf, von denen sie meinen, dass sie diese richtig schreiben können. Meistens reichen dafür 5 bis 10 Minuten als Zeitspanne. Wir hatten Spaß daran, die „Schreibzeit“ mit einem Küchenwecker zu kontrollieren.

Beim nächsthöheren „Level 2“ in Klasse 2 schreiben die Kinder eine größere Anzahl von Wörtern oder *ergänzen ihre Wörter durch ein besonderes „Versuchswort“.* Das ist ein Wort, von dem sie denken, dass sie es korrekt schreiben können, aber noch unsicher sind. Die genaue Stelle, an der sie sich nicht sicher sind, kennzeichnen sie mit einem Punkt. Auch bei den Versuchswörtern kann die Wortanzahl nach und nach individuell erhöht werden.

Später (zumindest „Level 3“ in Klasse 3/4) werden *kurze eigene Sätze oder Texte als Eigendiktat* geschrieben, wobei sich auch hier das Anspruchsniveau Stück für Stück für die Klasse/Gruppe oder individuell erhöht. Natürlich müssen Sie die Eigendiktate kontrollieren, erhalten aber dadurch beste Informationen für zukünftige gemeinsame oder individuelle Übungen. Günstig ist es, wenn Sie den Eltern die Vorteile der Eigendiktate im Rahmen einer Elternversammlung erläutern, nämlich dass hierbei das selbstständige Verfassen eines Kurztextes direkt mit der Aufmerksamkeit auf die Rechtschreibung verbunden geübt wird. Eine solche Elterninformation empfiehlt sich auch in Bezug auf das besondere *Lernpotenzial der sogenannten* „Konferenzdiktate“, die bei den Kindern in Klasse 3/4 sehr beliebt sind. Konferenzdiktate heißen sie, *weil die Kinder hierbei in Konferenzgruppen den Diktattext selber erstellen.* Sie können eine ungefähre Anzahl der Wörter für den Text vorgeben oder aber abwarten, welche Textlängen sich ergeben. Thematisch können es freie Texte sein oder aber Sie wählen als Rahmen ein aktuelles Thema aus dem Deutsch- oder Sachunterricht. Besonders beliebt ist natürlich immer wieder die Kategorie „gute Witze“. In der Konferenzstunde selbst entwerfen die Kinder (bei uns in Gruppen zu viert) ihren Vorschlagstext für das Diktat und überprüfen am Ende selbst die Rechtschreibung. Am nächsten Tag lesen die einzelnen Gruppen ihren Textvorschlag der Klasse vor. Nach einer *Würdigung (!!!) der Texte im Klassengespräch* wird per Abstimmung darüber entschieden, welcher Text es für das Diktat sein soll. Es folgt die „Diktatvorbereitung" nach den in der Klasse üblichen Übungsritualen. Zum vereinbarten Termin wird das Diktat geschrieben.

17.4 Rechtschreibregeln oder „coole Tricks"?

Vokallänge – Vokalkürze

Gewöhnlich spricht man von Rechtschreibregeln, moderner heißt es auch Rechtschreibstrategien. Kinder finden zunächst den Ausdruck *„Tricks"* viel besser. „Wir lernen in unserer Klasse auch Tricks zum Richtigschreiben", erzählt Jonas zu Hause. Für die Kinder in Jonas' Klasse hört sich „Tricks" deutlich „cooler", fast etwas geheimnisvoll an. *„Coole Tricks helfen!"*

Die folgenden Ausführungen sind ein exemplarisches Beispiel dafür, wie Sie gehirnfreundlich und kindorientiert mit fast allen „Rechtschreibregeln" umgehen können: In den meisten Fällen ist es ausgesprochen produktiv, Kindern die Möglichkeit zu geben, Rechtschreibstrategien selbst herauszufinden oder die Kinder nach ihren Tricks beim Schreiben zu fragen. Sei es spontan aus einem aktuellen Anlass heraus oder in den bereits erwähnten Rechtschreibgesprächen. Es lohnt zu fragen: „Kennt jemand einen Trick? Welche Tricks helfen dir? Wo fehlt dir ein Trick?" Überraschenderweise kennen fast immer einige Kinder „coole Tricks" oder können das aktuelle Problem genau beschreiben. Darüber hinaus sind von Kind zu Kind erklärte „Schreibtricks" oft viel effektiver, da sie für die anderen Kinder verständlicher sind.

Beispielhaft geht es hier um eine Situation, in der Kinder ihr Problem beschreiben können, aber alleine noch keine Lösung – keinen Trick – gefunden haben. In diesem Fall wurden die Kinder Anfang des 2. Schuljahres gefragt, ob sie Tricks zum „Richtigschreiben" kennen. „Ich sag das Wort leise, ganz langsam vor mich hin und hör das. Aber manchmal stimmt das dann doch nicht", sagt Jonas vorsichtig. „Und manchmal hört man das auch einfach gar nicht", ärgert sich Saskia.

Stimmt: Manches kann man nicht gut hören! Da braucht man einen Trick! Beispielsweise hören viele Kinder gerade in den ersten Schuljahren keinen Unterschied zwischen Lang- und Kurzvokal. Und auch die Silbengliederung ist für viele Kinder dabei verwirrend. Deshalb streitet Nadja sich schon Ende des 1. Schuljahres munter und entschlossen mit mir und argumentiert: *„Schmetterling* – ich hör das doch genau *Schme - ter - ling*. Ist doch ganz einfach."

Die Schwierigkeit, Vokallänge oder Vokalkürze zu hören, hängt damit zusammen, dass Kinder aus ihrer bislang mündlichen Sprache nur *Sprechsil-*

ben kennen. Für die Rechtschreibung jedoch bieten *Schreibsilben* in bestimmten Fällen wichtige Informationen darüber, wie ein Wort geschrieben wird. Denn Kürze oder Länge von Vokalen wird grafisch angezeigt: die Kürze von Vokalen natürlich durch zwei (häufig gleiche) Konsonanten. Da Grundschulkinder keine kleinen Linguisten werden müssen, reicht es für sie zu wissen, dass die Rechtschreibung hierbei mit einem „Trick" hilft: „Den Trick kriegt ihr raus!" Sie schreiben dazu vor den Augen der Kinder – und dabei laut sowie *überdeutlich silbisch mitlautierend* – eine Reihe von vertrauten Wörtern mit Kurz- bzw. Langvokal an die Tafel, wie zum Beispiel:

Mutter Mut
Ratten raten
nass Nase
Schall Schal
Schiff schief

und gerne auch „heiße" Wörter – zum Beispiel sind ganz „heiß":

Lippen lieben
küssen düsen (durch die Gegend).

Dann fragen Sie, ob hier etwas Besonderes zu erkennen ist. Klar entdecken die Kinder die Verdopplung der Konsonanten – und äußern erste Vermutungen zum Trick: „Ach, immer zwei bei kurz?" Sprechen Sie gerne den Kindern erneut *deutlich die Silben klatschend* die Wortpaare vor. Artikulieren sie danach die Wörter gemeinsam silbenklatschend und vergleichen die Aussprache. Und endlich wird auch der *Schmet - ter - ling* in der besonderen Aussprache erprobt! Sonst hieße das Wort ja *Schmeeee - ter - ling*.

Gemeinsam werden weitere Wörter mit kurzem Vokal erprobt wie:

But - ter, Bet - ten, Pup - pe, bit - ten

Die Silben werden klatschend gesprochen. Oft nennen die Kinder von allein gleich das „lange Gegenstück".

Pup - pe pu - pen *(ganz „heiß")*
Hüt - te hü - ten (Schafe)
kom - men ko - misch
kul - lern Kugel
Fisch fies (oder Fliege)
wischen wiegen

Besonders die „heißen Wörter" werden gerne zu Merkwörtern auserkoren!

Für viele Kinder stellt das Vorgehen, diese Wörter gemeinsam – die Silben klatschend – deutlich auszusprechen und sie anzuschreiben, eine besonders effektive Übung dar. Am besten noch viele weitere Wörter mit Doppelkonsonanten folgen lassen! Das hilft deswegen so gut, weil eine deutliche Artikulation vielen Kindern fremd ist. Die Liste an der Tafel mit den bevorzugten Wörtern – mit „gedoppelten Konsonanten" – kann danach als präsente Sammlung von Modellwörtern auf einem Plakat an einer Klassenwand „verewigt" oder von den Kindern ins ABC- oder Sammelheft für Tricks geschrieben werden. Weitere passende Wörter für die eigene Wortsammlung finden die Kinder im Klassen- / Grundwortschatz, im Schulwörterbuch sowie in Lese- und Kinderbüchern. Allmählich wird so der Unterschied kurzer – langer Selbstlaut für die Kinder „spürbar" und dann auch „hörbar". Meistens tauchen in den eigenen Wortsammlungen der Kinder bereits erste Varianten der Schreibweise von Doppelkonsonanten auf wie bei *backen* oder *Katze*, sodass das Schreibmuster erkundet und erweitert wird.

Und was ist daran gehirnfreundlich?

Das gemeinsame Wörtersammeln plus Silbenklatschen, kombiniert mit dem Aufschreiben der Übungswörter an der Tafel (als Plakat, im Heft), wirkt wie ein „gehirnfreundlicher Augen- bzw Ohröffner" für den Trick. Es ist eine Art „learning by doing". Dabei kombiniert es effektiv Sprechmotorik, Lautung, Rhythmus und Visualisierung zu einer vielkanaligen Merkhilfe. Den Kindern wird ein neuronal wirksamer Impuls zur Differenzierung und Erweiterung einer inneren Rechtschreibstrategie angeboten. Denn: durch die Vielzahl der Wörter – auf Klassenlisten, auf Listen eigener „Lieblingswörter", auf Plakaten mit Modellwörtern – nehmen die Kinder das dazugehörige Schreibschemata als typisches Rechtschreibmuster intuitiv auf. Damit verändern sie nach und nach ihre bisherige, primär an der Lautung ausgerichtete Strategie für das Richtigschreiben: Wenn sie jetzt schreiben, orientieren sie sich beim inneren oder flüsternden Artikulieren neu zu schreibender Wörter mehr und mehr am erwarteten Schriftmuster, anstatt ausschließlich ihrem Gehör zu folgen!

> In zunehmendem Maße steuert jetzt die erwartete Rechtschreibung den Schreibvorgang und nicht mehr primär die innere Artikulation! Aus „Schreibe, wie du hörst" wird durch die innere Orientierung an gespeicherten Rechtschreibmustern die sogenannte Rechtschreibsprache: „Sprich vor dich hin, wie man schreibt!" Oder kurz: „Sprich, wie du schreibst!"

Diverse Formulierungen für den Trick (Vokallänge betreffend) schlagen die Kinder übrigens auch vor:

> **Tricknamensvorschläge von Kindern**
> - Zwei Mitlaute machen den Selbstlaut kurz. Jede Silbe kriegt einen Mitlaut. *Beliebt:* Bei kurz – immer zwei!
> - *Typischer Trickvorschlag der Lehrerin:* Folgen dem Selbstlaut zwei Mitlaute, ist der Selbstlaut kurz. Folgt nur ein Mitlaut, ist der Selbstlaut lang.

17.5 Das „Dehnungs-*h*" bei Langvokalen: üben oder eher nicht üben?

Ach ja: die Langvokale! Durch Kontrastwörter (wie *Puppe – pupen, Schiffe – schief*) haben die Kinder sich bei der Erkundung der Kurzvokale bereits implizit mit Langvokalen beschäftigt. Auch zur Schreibweise der Langvokale können die Kinder selbst einen Trick herausfinden, der ihnen hilft, sich für die korrekte Schreibweise zu entscheiden. Dabei handelt es sich um einen Trick, der in der Didaktik lange Zeit ignoriert wurde.

Fragen Sie Eltern danach, wie Langvokale im Deutschen geschrieben werden, hören Sie fast immer eine typische Antwort: „Na, mit Dehnungs-*h* natürlich!" Auch viele Materialien bieten gleich als Erstes ein Set diverser Übungen zur Schreibung der Langvokale mit einem Dehnungs-*h* an. Da verwundert es nicht, dass die Kinder anschließend sehr großzügig Dehnungs-*hs* in alle möglichen Wörter mit Langvokal einfügen, scheint das für sie doch die gängige Schreibweise zu sein: *h*. Leider ist das ein „richtiger" Irrtum! Richtiger Irrtum? Wie das?

Die für viele Menschen erstaunliche Antwort liefert die Sprachstatistik: Über 80 % aller Langvokale werden nur mit einfachem *a, e, ie, o, u* geschrieben! Also ohne Dehnungs-*h*! Und Wörter mit einer Vokalverdopplung kann man sowieso an einer Hand abzählen. Für die einzelnen Vokale zeigen die Auszählungen folgende Gewichtung:

> **Statistik: lange Vokale**
> Das **lange a** wird zu **90 %** als **einfaches** *a* geschrieben!
> Das **lange e** wird zu **85 %** als **einfaches** *e* geschrieben!
> Das **lange i** wird zu **72 %** als **einfaches** *ie* geschrieben!
> Das **lange o** wird zu **89 %** als **einfaches** *o* geschrieben!
> Das **lange u** wird zu **96 %** als **einfaches** *u* geschrieben!
> (Naumann 1998)

Das zu wissen, erleichtert das Schreiben!

Was kann man im Unterricht Sinnvolles tun? Auch hier, wie bereits exemplarisch bei den Kurzvokalen als didaktisches Setting beschrieben, ist es gehirnfreundlich, die Kinder mögliche Tricks (Regeln) selbst herausfinden zu lassen. In einer Rechtschreibkonferenz zum Beispiel, wenn der Klassenraum es zulässt, im Halbkreis mit Blick zur Tafel sitzend, fragen Sie: „Kennt jemand einen speziellen Trick, worauf man achten muss, wenn man Wörter mit langem Selbstlaut schreibt?" Manchmal holt einen übrigens schon hier das Dehnungs-*h* als Trickvorschlag von einem Kind ein. Kein Problem:

> *» Spannend, Mia. Das sagen auch viele Erwachsene. Ob das wohl stimmt? Das prüfen wir jetzt mal. So wie die Sprachforscher das machen, wenn die was rauskriegen wollen. «*

Als „gehirnfreundlicher Augenöffner" kommen jetzt wieder das gemeinsame Sammeln, das prüfende Aussprechen sowie das Anschreiben der vorgeschlagenen Wörter an der Tafel ins Spiel:

> *» Dann los! Als Erstes sammeln wir an der Tafel Wörter mit langem Selbstlaut! Dazu brauchen wir wieder viele, viele Wörter mit langem Selbstlaut. So arbeiten die Sprachforscher. Ihr könnt alles benutzen – eigene Wörterhefte, Wörterbücher, Klassenwortschatz … alles kann benutzt werden. «*

Dazu wird an der Tafel mit einer Tabelle gearbeitet, in die die Wörter eingeordnet werden. Es werden nur die Grundrubriken *A E I O U* großzügig über die ganze Tafel verteilt angeschrieben. Die vorgeschlagenen Wörter, egal ob mit oder ohne *h*, werden bewusst artikuliert und in die Grundrubriken der Tabelle eingetragen – bis die Tafel richtig voll ist. Für ein klares Ergebnis müssen es viele Wörter sein!

Spannend wird es dann, mit den Kindern zu zählen, wie oft die einzelnen Schreibweisen vorkommen:

> *» Jetzt arbeiten wir wie die Sprachforscher: Wir zählen! Wie viele Wörter nur mit A haben wir? Das wird notiert! Wie viele Wörter mit AH … «* usw.

Haben Sie genug Wörter gesammelt, kommen Ihre Kinder mit Sicherheit zu der Entdeckung, dass die häufigste Schreibweise der einfache Vokal ist (bzw. beim *i*: das *ie*) und dass viel seltener *ah*, *eh*, *ieh*, *oh*, *uh* geschrieben wird und ganz selten Schreibweisen mit Vokalverdopplung vorkommen.

> *» Und jetzt wollt ihr bestimmt wissen, was die Sprachforscher rausgekriegt haben. «*

Die offizielle Tabelle (von Naumann – vergößert!) können die Kinder ziemlich gut selbst erklären. Und selbstverständlich wird sie anschließend an einer Wand im Klassenzimmer befestigt. Manche Lehrkräfte ziehen es übrigens vor, die einzelnen Vokale an verschiedenen Tagen zu „durchforsten".

Und der Trick dazu lautet:
Trick der Kinder: Langer Selbstlaut: fast immer nur *A E IE O U*. Sonst mit *H* oder Wörterbuch.
Trick der Lehrerin: Bist du unsicher, wie der lange Selbstlaut geschrieben wird, probiere es zuerst mit einfachem Selbstlaut. Sieht das komisch aus, versuche es mit dem *H*. Kontrolliere mit dem Wörterbuch!

Alle weiteren Feinheiten (*Tiger, Igel, Moor, Vieh, ihn, ihm, ihnen* usw. sowie *ah, uh, eh*) können später aus aktuellem Anlass als Besonderheiten (Merkwörter!) bearbeitet und in speziellen Listen oder Kästen gesammelt werden. Im Sinne dieser die Rechtschreibung erforschenden Methode können Sie so gut wie alle Regeln, Feinheiten, Regelabweichungen gemeinsam mit den Kindern – über Sprache und Rechtschreibung nachdenkend – erarbeiten. Und zwar so, dass die Kinder sich mit ihren „Tricks" (Regelformulierungen) identifizieren und sie anwenden.

17.6 Keine digitalen Medien in der Grundschule! Oder doch?

Was nun? Hinter der oft entschieden vorgebrachten Ablehnung digitaler Medien steht eine durchaus ernst zu nehmende Erkenntnis, auch wenn es nicht zielführend ist, diese Ablehnung dogmatisch zu vertreten. Daher haben wir in den Partnerklassen mit *sechs Maximen* gearbeitet.

1. Maxime: Primärerfahrung geht vor Sekundärerfahrung und vor virtueller Erfahrung!

Gerade weil Kinder heute *umweltbedingt* ständig mit digitalen Medien konfrontiert sind und auch *familiär* in einer immer stärker durchdigitalisierten Welt aufwachsen, war uns dieses didaktische Prinzip äußerst wichtig. So wie in der Grundschule dem Buchwissen traditionell zunächst das reale Erlebnis vorausgeht, so hat die Erfahrung der Wirklichkeit ihren Platz vor dem medialen Angebot. Eine grundlegende Aufgabe der Grundschule ist es, Kindern Erfahrungsräume bereitzustellen, innerhalb derer sie die Welt real handelnd „begreifen" können. Im Wortsinn: *„begreifen – anfassen"* können!

Selbstredend stellt zum Beispiel die SU-Didaktik das Erlebnis, wie eine Kartoffel im Topf auf der Schulfensterbank keimt und heranwächst, einem Lesetext, einer Aufgabenstellung oder später auch einer Visualisierung dazu im Internet voran. Und genauso selbstredend erproben Kinder im Rechtschreibunterricht vor jeder möglichen virtuellen Arbeit am Computer konkret, das heißt materialbasiert, wie Schrift, Schreiben, Rechtschreiben funktionieren.

Im frühen Rechtschreibunterricht gehören dazu erste „echte" Aktivitäten wie Buchstabenkneten, Buchstaben ausschneiden, ausmalen, nachzeichnen, nachschreiben, zerschneiden, neu zusammensetzen, Buchstaben suchen, Laute anhören und artikulieren, Wörter anhören, genau aussprechen, erste Wörter selber konstruieren, Wörter suchen, Wörter lesen, Wörter sammeln, erste Wortaufträge erfüllen, erste eigene Sätze, erste eigene Texte schreiben. Derartige Aktivitäten bieten Grundschulkindern eine Basis, Schriftsprache im realen kommunikativen Handlungsvollzug erproben, „begreifen" und damit erfolgreich erwerben zu können.

2. Maxime: Erst nach der Primärerfahrung kommt der Computer als Werkzeug dazu

Der Werkzeugcharakter des PC ist für viele Kinder neu oder wenigstens ungewohnt, kannten sie den Computer doch bisher vorwiegend als Unterhaltungs- und „Bespaßungs"-Medium. Erste typische Situationen, in denen Kinder in unseren Klassen den Computer als Werkzeug für das Schreiben und die Rechtschreibung benutzen wollten, entstanden aus dem Bedürfnis heraus, ein Wort, die Endfassung eines Satzes, einen ersten richtigen kleinen Text „ganz cool" auf dem Computer schreiben zu wollen. Ihr Ziel war es, ihr „Werk", also das auf dem PC getippte Wort, den ersten Satz, den ersten kleinen Text ausgedruckt und richtig im Abschlusskreis präsentieren zu können. Ein solcher Text sollte dann später als Seite in einem Buch wie *Texte der Klasse xx (Gruppe xx)* „veröffentlicht" werden. Die Endfassung eines eigenen Textes bei der Schreibkonferenzarbeit auf dem PC tippen zu dürfen, war in den Klassen 3/4 phasenweise der „Renner" überhaupt. Sicher hatte auch das automatische Fehlerkorrekturprogramm einen gewissen Anteil daran. Sehr schnell merkten die Kinder allerdings, dass nicht jeder Korrekturvorschlag hilfreich war und dass die Übertragung auf den PC zunächst durchaus anstrengend war. Die erste Begeisterung ebbte dann zeitweise etwas ab. Benutzt haben wir dabei problemlos das gängige Programm *Word*, weil es auch bei den meisten Eltern der Kinder zu Hause vorhanden war. Spezielle Kinderschreibprogramme gefielen uns nicht.

3. Maxime: In unseren Klassen galt: Computerarbeit ist Partnerarbeit

Der PC als Werkzeug war in unseren Klassen in einen sozialen Kontext eingebunden. Lernen ist zwar einerseits ein individuelles Geschehen, erhält gleichzeitig jedoch als sozialer Prozess seine Inspirationen durch den Austausch im Miteinander. Das heißt: Computerarbeit ist Partnerarbeit!

In den Partnerklassen, in denen ich zuletzt mit unterrichtet habe, wurde folgendes Vorgehen praktiziert: Wollte ein Kind am PC arbeiten, wählte es sich zur Unterstützung oder Beratung ein anderes Kind der Klasse als sogenanntes „Assistenzkind“ (der Begriff war äußerst beliebt). Das Assistenzkind unterstützte sowohl bei inhaltlichen, rechtschriftlichen als auch bei technischen Problemen. Auf diese Weise war die PC-Arbeit in ein produktives Miteinander integriert, was sich nicht nur für Kinder mit wenig Erfahrung im Umgang mit dem PC, sondern für alle als hilfreich erwies. Auch bei ersten Mini-Nachschlag- bzw. Rechercheaktivitäten am PC erwies sich die Arbeit in Paaren als ausgesprochen förderlich. In Phasen, in denen sich die Arbeit am PC besonders großer Beliebtheit erfreute, gab es bei uns eine Anmeldeliste.

5. Maxime: Ein Whiteboard ist schick, aber überflüssig

Braucht man in der Grundschule jetzt unbedingt ein Whiteboard, wie es diverse Verlage nahelegen? Nein, in vierjährigen Grundschulen überhaupt nicht! Warum?

- Die gute alte Schultafel, vor allem als Klapptafel, erfüllt die didaktischen Ansprüche im Rechtschreibunterricht viel besser als jedes noch so teure Whiteboard.
- Jedes Übungsspiel, das mit verdeckten Schreibversuchen arbeitet, benutzt dafür problemlos die Klapptafel.
- Die optische Wirkung ist dabei durch den eindeutigen Kontrast (Tafel dunkelgrün, Kreide weiß oder farbig) entschieden klarer! Die visuelle Eindeutigkeit durch die Kreideanschrift an der Tafel ist selbstverständlich für den Lernerfolg ein extrem entscheidender Faktor.
- Das Schreiben an der Wandtafel ist gerade für noch ungeübte Schreibanfängerhände eine sehr effektive motorische Koordinationsübung.
- Schreiben an der Tafel erlaubt den Kindern, problemlos auch mit anfänglich sehr großem Druck an der Tafel erste Wörter zum Beispiel in Druckschrift selbstständig zu schreiben, ohne von speziellen Stiften und Handlungsanweisungen abgelenkt zu sein. Malen/Schreiben mit Kreide auf dem Gehweg/Bürgersteig der Straße ist bereits vor der Schule eine vertraute und beliebte Kinderaktivität!
- Und wenn tatsächlich der Kreidestaub den Whiteboards im Klassenzimmer schadet, was als Problem gern verbreitet wird, ist das ein weiterer Grund, auf teure Whiteboards zu verzichten.

6. Maxime: Jedes Rechtschreibprogramm ist so gut und so schlecht wie die zugrunde liegende Didaktik

Eine andere „Nummer“ als der situationsbedingte Einsatz des Computers als Werkzeug sind die digitalen Rechtschreib-Übungsprogramme bzw. -Apps. So verlockend sie auch erscheinen mögen, Rechtschreib-Apps und -Programme stellen weder didaktisch noch fachwissenschaftlich von allein hochwertige Diagnose-, Lern-, Übungs- oder Kontrollangebote zur Verfügung. Alle Untersuchungen zu Qualität und Wirksamkeit derartiger Software weisen als gemeinsames Fazit auf eine Erkenntnis hin: Es gibt nur sehr wenige fachdidaktisch bzw. fachwissenschaftlich relativ vorbehaltlos zu empfehlende Angebote (Hecker 2019; Peschel 2018; Sauerborn 2017). Der durch die Software benutzte Blick auf das Kind, auf die Welt, auf das zugrunde gelegte Lern- und Übungskonzept sowie auf die Benutzerfreundlichkeit für Kind und begleitende Lehrperson sind nur einige der zu beachtenden Kriterien. Die einfache Umsetzung eines vorhandenen (vielleicht auch noch schlechten) analogen Übungsmaterials in ein digitales Programm macht daraus kein besseres Lernangebot. Speziell für digitales Lernen entwickelte Apps oder Programme sind zwar häufig ansprechender gestaltet, weisen aber genauso häufig erhebliche Mängel in der pädagogischen sowie fachdidaktischen Umsetzung auf. Ein Softwareprogramm soll ja nicht nur Spaß machen, sondern dabei gleichzeitig auch Lernprozesse stimulieren.

Was also tun?

Ein einfaches, durchaus effektives Vorgehen sieht zum Beispiel folgendermaßen aus: Bestellen Sie sich kostenlose Demo-Versionen. Die meisten Verlage bieten dies inzwischen an. Laden Sie sich einige der kostenlosen Apps im Internet herunter. Und dann das Wichtigste: *Nehmen Sie sich die Zeit zum Testen!* Sie ersparen sich langfristig Zeit, Frust, Ärger, Enttäuschung bzw. Unlust aufseiten der Kinder.

Rechtschreib-Übungsprogramme testen

- Spielen Sie, erproben Sie, benutzen Sie das Programm, das App-Angebot selbst erst einmal in Ruhe zu Hause.
- Entspricht es Ihren Vorstellungen von guter Rechtschreibdidaktik?
- Macht es Ihnen Spaß?
- Haben Sie Lust auf „mehr davon“?
- Lassen Sie es auch durch ein oder zwei Kinder testen: Fragen Sie die Kinder, wie ihnen das Spiel gefällt, und natürlich auch, ob und was sie dabei gelernt haben.

Danach entscheiden Sie, ob es sich lohnt, das digitale Angebot in Ihr Unterrichtskonzept zu integrieren.

Und aus neurowissenschaftlicher Sicht?

Abschließend dazu ein spezieller *Hinweis aus der Gehirnforschung:* Da die Arbeit mit PCs und speziell Tablets auch für den Grundschulbereich inzwischen als absolut notwendig vorangetrieben wird („Pro Kind ein Tablet!"), erscheint es sinnvoll, sich mit den neuronalen Veränderungen eines kontinuierlichen Gebrauchs dieses Mediums zu befassen.

Neuere Untersuchungen anhand von Hirnscans zeigen zum Beispiel, dass überwiegend oder gar ausschließlich digitales Lesen und Arbeiten zu typischen Veränderungen im menschlichen Verhalten und der Gehirnstruktur führt: Durch die schier unendliche Fülle an Informationen im Netz werden Informationen hastiger und oberflächlicher verarbeitet als beim analogen Lesen in Büchern (Korte 2019, S. 237–267; Spitzer 2016). Mit der Zunahme des digitalisierten Lesens hat sich zum Beispiel die Länge der Speicherung im Arbeitsgedächtniss verändert: Die Zeitdauer, für die der Mensch sich eine Information konzentriert merken kann, hat nach einer aktuellen Studie um 4 Sekunden abgenommen (Korte 2019). Da die Digitalisierung aus unserer Lebensweise nicht mehr wegzudenken ist, betonen Hirnforscher unisono, dass es dringend notwendig sei, in unseren Schulen beide Zugriffsweisen auf Informationen – also sowohl analoge als auch digitale Rezeptionsprozesse – gleichwertig (!) zu fördern.

Literatur

Bandura, Albert (1997): Self-Efficacy. Freeman, New York.

Brinkmann, Erika (Hrsg.) (2015): Rechtschreiben in der Diskussion. Schriftspracherwerb und Rechtschreibunterricht. Frankfurt/Main: Grundschulverband.

Brinkmann, Erika (2015): Wie eignen sich Kinder die Rechtschreibung an? In: Brinkmann, Erika (Hrsg.) (2015), S.164–174.

Brinkmann, Erika (2018): VORURTEIL: „Falsches Schreiben prägt sich ein – Kinder dürfen von Anfang an nur geübte Wörter schreiben“. In: Grundschule – Populäre Vorurteile und ihre Widerlegung. Beilage zu Grundschule aktuell, Heft 42, S. 16–17.

Brinkmann, Erika/Valtin, Renate (2012): Lesen- und Schreibenlernen mit digitalen Medien. Frankfurt/Main: Grundschulverband.

Brinkmann, Erika/Brügelmann, Hans (2018): Nachdenken statt Drill: Rechtschreibgespräche als Förderkonzept. Befunde aus dem Projekt „Bremer Rechtschreibforscher*innen“. In: Grundschule aktuell, Heft 143.

Brügelmann, Hans (2015): Wie steht es um das Rechtschreibkönnen – im Vergleich zu früher? In: Brinkmann, E. (Hrsg.) (2015): Rechtschreiben in der Diskussion – Schriftspracherwerb und Rechtschreibunterricht. Beiträge zur Reform der Grundschule, Bd. 140. Grundschulverband: Frankfurt/Main, S. 151 ff.

Brügelmann, Hans (2018): VORURTEIL: „Schreiben nach Gehör ist eine schädliche Methode“. In: Faktencheck Grundschule – Populäre Vorurteile und ihre Widerlegung. In: Beilage zu Grundschule aktuell, Heft 42, S. 14–15. Frankfurt/Main.

Brügelmann, Hans (2019): Empirische Studien zur Auswirkung eines lautorientierten Konstruierens von Wörtern (invented spelling) auf den Rechtschreiberwerb.

Eine umfassende Meta-Analyse vorliegender Studien mit einem klaren Ergebnis zu den lernförderlichen Auswirkungen des frühen an der Lautung orientierten Konstruierens erster Schreibungen.

https://t1p.de/brue-2019-invented-spelling (letzter Zugriff: 07/2020).

Bruner, Jérôme (1973/2000): Der Akt der Entdeckung. In: Neber, Heinz: Entdeckendes Lernen. Weinheim: Belz.

Butzkamm, Wolfgang/Butzkamm, Jürgen (2004): Wie Kinder sprechen lernen. Tübingen: Francke.

Deci, Edward/Ryan, Richard (1993): Die Selbstbestimmungstheorie der Motivation und ihre Bedeutung für die Pädagogik. In: Zeitschrift für Pädagogik 39, S. 223–228.

Dietz, Florian/Wind, Gerd Peter (Hrsg.) (2017): Zwischen Büchern und Bildschirmen. Lesen und Scheiben lernen in verschiedenen Medien. Deutsche Gesellschaft für Lesen und Schreiben, Beiträge 18. Herzogenrath.

Friederici, Angela (2016/2017): Im Bann der Sprache. https://www.mpg.de/10318278/interview_friederici_sprachforschung (letzter Zugriff: 07/2020).

Friederici, Angela (2012): Babys überflügeln Erwachsene beim Lernen sprachlicher Regeln. https://www.mpg.de/6340502/Babies_sprachliche-Regeln (Zugriff: 07/2020).

Friederici, Angela u. a. (2013): Evolution, brain, and the nature of language. Feature Review. In: Trends in Cognitive Sciences 17, Heft 2, S. 89–98. https://doi.org/10.1016/j.tics.2012.12.002.

Grümken, Claudia/Spitta, Gudrun (2001): Rechtschreibbewusstheit durch „Freies Schreiben“? Wie das Nachdenken von Kindern über Rechtschreibung durch unterschiedliche Unterrichtsstile beeinflusst wird. In: Grundschulzeitschrift, Heft 144, S. 14–17.

Hecker, Ulrich (2019): Digitale Lernwelten. Nachdenken über Bildung und Digitalisierung. In: Grundschule aktuell, 145, S. 38–43.

Hiebl, P./Schultheis, K./Pfrang, A. (2016): Joy to learn. Eine Internationale Studie zur Erforschung der Lernfreude von Kindern. In: Schultheis, K./Hiebl, P. (2016): Pädagogische Kinderforschung. Grundlagen, Methoden, Beispiele. Stuttgart, Kohlhammer, S. 167–185.

Hiebl, Petra/Schultheis, Klaudia (2017): „JOY TO LEARN“. Kurzfassung in: Grundschule aktuell: Zeiten zum Lernen und Leben, Heft 140, S. 36.

Hüther, Gerald (2009):Wie sollte aus der Sicht des Neurobiologen Lernen arrangiert werden? So sinnvoll für das Kind wie möglich. Interview in der Hamburger Lehrerzeitung. GEW. Hamburg in: http://www.adz-netzwerk.de (letzter Zugriff: 2011).

*Zitat: „Was keinen Sinn macht, was einen Schüler emotional nicht berührt, woraus er sich nicht einlässt und was er sich nicht selbst erarbeiten kann, braucht man auch nicht zu unterrichten.
Tut man es trotzdem, so macht der Schüler eine Erfahrung, die schlimmer ist als das Verpassen des Unterrichtsstoffes: nämlich, dass es keine Freude macht, sich Wissen anzueignen und dass es auf mich nicht ankommt, er eigentlich nicht gesehen wird.“*

Jantzen, Christoph (2012): Überarbeiten gehört zum Schreiben wie der Kern zum Apfel – auch schon in Klasse 1. In: Ritter u. a.: Freies und kreatives Schreiben – neue Wege der Schreibdiddaktik. Frankfurt/Main: Grundschulverband.

Johnson, A. (2016). 10 essential instructional elements for students with reading dif-

Im Text geht es um beides: Lesen und Schreiben …

ficulties: A brain-friendly approach. Thousand Oaks/CA: Corwin.

Korte, Martin (2009): Wie Kinder heute lernen. München: DVA.

Korte, Martin (2019): Hirngeflüster. Wie wir lernen, unser Gedächtnis effektiv zu trainieren. Berlin: Europa.

Leibnitz Institut für Neurobiologie Magdeburg (2016/17): Facts and Links: Wie funktionieren Lern- und Gedächtnisprozesse. http://www.lin-magdeburg.de (letzter Zugriff: 2019).

*Neben einer kurzen thematischen Einführung 2 Kurzvideos zu: „Neurone: Bausteine des Denkens“ & „Synapsen - Schnittstellen des Lernens“.
Zum Beispiel mit einem Kurzinfo zum Thema „Warum merke ich mir Dinge besser, wenn ich motiviert bin und Spaß beim Lernen habe?“, in dem Dr. Max Happel erläutert, wie intrinische Motivation und die Dopaminausschüttung im Gehirn bei Erfolgen das Lernen positiv beeinflussen.*

Lessmann, Beate (o. J.): http://www.beate-lessman.de.

Inspirierende Homepage mit wertvollen Anregungen zu: individuelle Lernwege im Schreiben und Rechtschreiben; Konzepte, Materialien, Artikel, Bücher, Anregungen, Filme, Unterrichtsmitschnitte auf YouTube.

Lessmann, Beate (2007): Individuelle Lernwege im Schreiben und Rechtschreiben. Ein Handbuch für den Deutschunterricht: Teil 1: Klassen 1 und 2: Dieck: Heinsberg.

Lessmann, Beate (2013a): Individuelle Lernwege im Schreiben und Rechtschreiben. Ein Handbuch für den Deutschunterricht. Teil 2A: Klassen 3 – 6: Entwicklung von Rechtschreibkompetenz im Kontext des Schreibens. Dieck: Heinsberg.

Lessmann, Beate (2013b): Individuelle Lernwege im Schreiben und Rechtschreiben. Ein Handbuch für den Deutschunterricht. Teil 2B: Klassen 3 – 6: Entwicklung von Schreibkompetenz auf der Grundlage individuell bedeutsamer Texte. Dieck: Heinsberg.

Lessmann, Beate (2015): Wortschatzarbeit – sinnstiftend und strukturorientiert. In: Brinkmann, Erika (Hrsg.) (2015): Rechtschreiben in der Diskussion. Schriftspracherwerb und Rechtschreibunterricht. S. 209 – 211.

Leyh, Arvid (2012): Neurodidaktik: Lernen muss Spaß machen. https://www.dasgehirn.info/handeln/lernen/neurodidaktik-lernen-muss-spass-machen (letzter Zugriff: 07/2020).

Liebertz, Charmaine (2014): Lachen hilft beim Lernen. https://www.spektrum.de/news/lachen-hilft-beim-lernen/1288105 (Zugriff: 08/2019).

Liebertz, Charmaine (2016): Das Schatzbuch des Lachens: Grundlagen, Methoden und Spiele für eine Erziehung mit Herz und Humor. München: Burckhardthaus-Laetare.

Max-Planck-Institut für Kognitions- und Neurowissenschaften, Pressemitteilungen (2012, 2013, 2016): Darin die Berichte über Forschungsergebnisse (MRT, EEG usw.) von: Friederici, Angela/Skeide, Michael/Müller, Verena: Sprache macht den Menschen.

Naumann, Carl Ludwig (1989): Gesprochenes Deutsch und Orthographie: Linguistische und didaktische Studien zur Rolle der gesprochenen Sprache in System und Erwerb der Rechtschreibung (Theorie und Vermittlung der Sprache). Frankfurt/Main: Lang.

Odenbach, Karl u. a. (1981): Die Übung im Unterricht. Westermann. Braunschweig.

Oerter, Rolf (2006): Implizites Lernen beim Sprechen, Lesen und Schreiben. In: Unterrichtswissenschaft, Zeitschrift für Lernforschung, 3. Vj. D6726.

Oerter, Rolf/Montada, Leo (2008) (Hrsg.): Entwicklungspsychologie. Weinheim: Beltz.

Peschel, Markus (2019): Digitales Lernen vs. analoges Lernen. Digitale Bildung in einer analogen Welt oder: Bildung für eine Welt mit digitalen Medien? In: Grundschule aktuell, Zeitschrift des Grundschulverbandes, Heft 142, S. 12 – 15.

Rosenthal, Robert/Jacobson, Leonore (1983): Pygmalion im Unterricht. Lehrererwartungen und Intelligenzentwicklung der Schüler. Weinheim: Beltz.

Rösler, Alexander/Sterzer, Philipp/Pannen, Kai (2015): 29 Fenster zum Gehirn. Genial einfach erklärt, was in unserem Kopf passiert. Würzburg: Arena.

Roth, Gerhard (2003): Fühlen, Denken, Handeln. Wie das Gehirn unser Verhalten steuert. Frankfurt/Main: Suhrkamp.

Roth, Heinrich (1969) Begabung und Lernen. Stuttgart: Klett.

Sauerborn, Hanna (2017): Die Nadel im Heuhaufen? Auf der Suche nach „didaktischen“ Apps zur Unterstützung des frühen Leseerwerbs in Schule und Zuhause. In: Dietz, Florian/Wind, Gerd Peter (Hrsg.): Zwischen Büchern und Bildschirmen. Lesen und Scheiben lernen in verschiedenen Medien. Deutsche Gesellschaft für Lesen und Schreiben, Herzogenrath, Beiträge 18, S. 47 – 77.

Saum-Adelhoff, Thomas (2001): Der Forscher im Kind. In: Psychologie heute, 6/2001.

Schäfers, Andrea (2017): Homepage Gehirn und Lernen. http://gehirnlernen.de (letzter Zugriff: 12/2019).

Mit einem informativen Forschungsüberblick.

Scheerer-Neumann, Gerheid (1998): Stufenmodelle des Schriftspracherwerbs – Wo stehen wir heute? In: Balhorn, Heiko: Schatzkiste Sprache 1. Von den Wegen der Kinder in die Schrift. Frankfurt/Main: Grundschulverband.

Scheerer-Neumann, Gerheid (2020): Schreiben lernen nach Gehör? Freies Schreiben kontra Rechtschreiben von Anfang an. Hannover: Klett/Kallmeyer.

Schneider, Wolfgang/Lindenberger, Ulman (Hrsg.) (2016): Entwicklungspsychologie. Weinheim: Beltz.

Schwarzer, Ralf/Jerusalem, Matthias (2002): Das Konzept der Selbstwirksamkeit, In:

Nachfolger von Oerter / Montada, Entwicklungsspychologie.

Hopf, Diether (Hrsg.): Selbstwirksamkeit und Motivationsprozesse in Bildungsinstitutionen. In: Zeitschrift für Pädagogik, Beiheft, 44, S. 28 – 53.

Sodian, Beate (2008, 2016): Entwicklung des Denkens. In: Oerter/Montada (2008) sowie aktualisiert in: Schneider, Wolfgang/Lindenberger, Ulman (2016): Entwicklungspsychologie, Weinheim: Beltz.

Spitta, Gudrun (1983/1994): Kinder schreiben eigene Texte in Klasse1 und 2. Berlin: Cornelsen.

Spitta, Gudrun (1988a): Geben wir Kindern Zeit, damit sie aus ihren Fehlern lernen können! In: Grundschulzeitschrift, Heft 12, S. 6 ff.

Spitta, Gudrun (1988b): Schreibentwicklungstabelle. In: Grundschulzeitschrift, Heft 12, S. 11.

Spitta, Gudrun (1988/1996): Von der Druckschrift zur Schreibschrift. Berlin: Cornelsen.

Spitta, Gudrun (1993/1999/2011): Schreibkonferenzen in Klasse 3 und 4. Berlin: Cornelsen.

Spitta, Gudrun (1991/2011): Stufenmodelle des Schriftspracherwerbs und ihre Bedeutung für die Didaktik in den Klassen 1 – 4. Nachdruck in: Lasst Kinder zeigen, was sie können. Neu aufgelegte Beiträge zu einer demokratischen Deutschdidaktik. Norderstedt: BOD, 2. Auflage.

Spitta, Gudrun (2012): Mit Lernspielen die Welt der Grammatik erobern. Berlin: Cornelsen.

Spitta, Gudrun (2015): Für das Schreiben begeistern. Mit Schreibkonferenzen systematisch die Textkompetenz fördern. Berlin: Cornelsen.

Spitta, Gudrun (2016): Was haben Lernen und Fußballtraining gemeinsam? Ein Plädoyer für das Lernen mit Begeisterung und Leidenschaft. In: Grundschulzeitschrift 300, S. 35 – 40.

Spitta, Gudrun (2017): Auf den Spuren der Rechtschreibung. In: Die Grundschule, Heft 5, S. 22 – 26.

Spitta, Gudrun (2018a): Warum freies Schreiben so wichtig ist und wie es gelingen kann ... In: Grundschule aktuell, Heft 141, S. 35 – 37.

Spitta, Gudrun (2018b): Wie kann freies Schreiben im Schulalltag gelingen? In: Grundschule aktuell, Heft 142, S. 31 – 33.

Spitta, Gudrun/Grümken, Claudia (2001): Rechtschreibbewusstheit durch „Freies Schreiben“? Wie das Nachdenken von Kindern über Rechtschreibung durch unterschiedliche Unterrichtsstile beeinflusst wird. In: Grundschulzeitschrift, Heft 144.

Spitzer, Manfred (2006): Die Entdeckung des Selbstverständlichen. Vortrag und DVD in: Archiv der Zukunft. Weinheim: Beltz.

Spitzer, Manfred (2007): Lernen: Gehirnforschung und die Schule des Lebens. Heidelberg: Spektrum Akademischer Verlag.
Spitzer, Manfred/Herschkowitz, Norbert (2019): Wie Kinder Denken lernen. Die kognitive Entwicklung vom 1. bis 12. Lebensjahr. München: MVG.

Die Aussage von Metzinger (Philosoph, Universität Mainz): „Unsere Wahrnehmung ist eine Fantasie, die mit der Realität in Einklang steht", bestätigt Sterzer (Wahrnehmungspsychologe an der Berliner Charité) im Rahmen einer Diskussion unter Wissenschaftlern, „denn sie bringt zum Ausdruck, dass unsere Wahrnehmung eben keineswegs eine Projektion der Realität in unseren Kopf hinein ist, sondern eine aktive, konstruktive Leistung unseres Wahrnehmungsapparates, letztlich unseres Gehirns."

Sterzer, Phillip/Metzinger, Thomas u.a. (2014): Die Welt, wie sie scheint, in: Philosophie im Hirnscan. Manuskript. Deutschlandfunk: Reihe Wissenschaft im Brennpunkt.
Sterzer, Philipp/Rösler, Alexander/Pannen, Kai (2015): 29 Fenster zum Gehirn. Würzburg: Arena.
Thomé, Günther/Thomé, Dorothea (2019): So schreibe ich richtig. Was wird oft geschrieben? Was wird selten geschrieben? Oldenburg: Institut für deutsche Sprache.
Thomé, Günther/Thomé, Dorothea (2020): Häufigkeiten in der Rechtschreibung. Basiskonzept Rechtschreiben. Neuauflage. Oldenburg: Institut für sprachliche Bildung.
Tracy, Rosemarie (2002/2007): Deutsch als Erstsprache. Was wissen wir über die wichtigsten Meilensteine des Erwerbs? Universität Mannheim: Informationsbroschüre 1/2002 der Forschungs- und Kontaktstelle Mehrsprachigkeit. Auch online: http://www.ids-mannheim.de/prag/sprachvariation/fgvaria/Info-Spracherwerb-2002.PDF (letzter Zugriff: 07/2020).
Tracy, Rosemarie (2007/8): Wie Kinder Sprachen lernen. Und wie wir sie dabei unterstützen können. Tübingen: Narr.
Valtin, Renate (2015): Gibt es „Legasthenie"? In: Brinkmann, Erika (Hrsg.) (2015): Rechtschreiben in der Diskussion. Frankfurt/Main: Grundschulverband, S. 209 – 211.

Bildquellenverzeichnis

Fachbuch

Die neuen Lesehefte, die zum Lesen motivieren

JOCHEN HERING,
JENNIFER REISKE,
GUDRUN SPITTA (HRSG.)

Lesen macht schlau!

Lesehefte für den Lesestart (Paket 1)

Lesehefte für Lesefitness (Paket 2)

Lesehefte für den Lesestart (Paket 1)
14,8 × 21 cm,
6 Hefte mit je 16 Seiten
978-3-7727-1268-5
€ 25,95

Lesehefte für Lesefitness (Paket 2)
14,8 × 21 cm,
6 Hefte mit je 24 Seiten
978-3-7727-1272-2
€ 26,95

Alle Preise zzgl. Versandkosten, Stand 2023

Die neuen Lesehefte für die Grundschule motivieren Kinder zum Lesen, unterstützen den Leselernprozess und fördern das Textverstehen. Jedes Paket enthält 6 Lesehefte auf einer Lesestufe:

- Lesehefte für den Lesestart (Paket 1) können bereits im Anfangsunterricht eingesetzt werden,
- Lesehefte für Lesefitness (Paket 2) variabel bis Ende der Grundschule.

Themen aktueller Kindheitserfahrungen ziehen sich durch alle Levels und ermöglichen ein Arbeiten an ähnlichen Themen auf unterschiedlichem Niveau. Kleine Texteinheiten mit Fortsetzungscharakter und witzigen Pointen verschaffen den Kindern kontinuierliche Erfolgserlebnisse. Alle Hefte eignen sich besonders, um der Heterogenität in den Grundschulklassen zu begegnen, z.B. als begleitendes Differenzierungsmaterial zu Fibeln und Lesebüchern oder als weiterer Lesestoff im offenen Unterricht, im Ganztag oder auch für Zuhause.

Klett Kallmeyer

Unser Leserservice berät Sie gern:
Telefon: 05 11 / 4 00 04 -150
Fax: 05 11 / 4 00 04 -170
leserservice@friedrich-verlag.de

www.klett-kallmeyer.de

Unter **www.friedrich-verlag.de** finden Sie Materialien zum Buch als Download.
Bitte geben Sie den achtstelligen Download-Code in das Suchfeld ein.

DOWNLOAD-CODE: **d31408gr**

Hinweis:

Das Download-Material enthält unterstützende Materialien wie den ausführlichen Exkurs zum Thema „Rechtschreibenlernen mit Schreibkonferenzen", auf den in Kapitel 15 hingewiesen wird.

Die Autorin und die Autoren sowie der Verlag wünschen Ihnen viel Erfolg bei der Nutzung der Materialien!

Haben Sie Fragen zum Download? Dann wenden Sie sich bitte an den Leserservice der Friedrich Verlags GmbH. Schreiben Sie uns oder rufen Sie uns an!

Sie erreichen unseren Leserservice
Montag bis Donnerstag von 8 – 18 Uhr
Freitag von 8 – 14 Uhr
Tel.: 0511/40004-150
Fax: 0511/40004-170
E-Mail: leserservice@friedrich-verlag.de

Wir freuen uns über Ihre Rückmeldung und helfen Ihnen gerne weiter!